Participer à une société qui apprend

Manuel méthodologique pour observer les réalisations du droit à l'éducation en tant que droit culturel

En couverture *:* batik de Robert Compaoré

En illustration d'une « société qui apprend », dans un contexte africain en développement ce batik représente une communauté de base, toutes générations confondues, en assemblée dehors, avec juste deux enfants et deux adultes actifs et « apprenants » dans les deux sens du terme, en responsabilité du présent et de l'avenir de la société. (Voir batik complet et commentaire à la fin du volume)

Remerciements

Nous remercions la *Fondazione CARIPLO* sans laquelle cette étape du projet n'aurait pas pu avoir lieu

Nos remerciements vont également à :

- toutes les personnes au Burkina Faso, et notamment les nombreux enquêteurs, ainsi que toutes celles et ceux qui les ont accueillis pour répondre à leurs questions
- l'Association *Réseau culture 21* (France) partenaire de *l'Observatoire de la diversité et des droits culturels*, pour le développement de la méthode *Paideia*

APENF Burkina Faso

FONDAZIONE VITTORINO CHIZZOLINI DIRITTI DELL'UOMO E COOPERAZIONE INTERNAZIONALE

OBSERVATOIRE DE LA DIVERSITÉ ET DES DROITS CULTURELS FRIBOURG, SUISSE

UNIVERSITÉ Joseph KI-ZERBO ISSP INSTITUT SUPERIEUR DES SCIENCES DE LA POPULATION BURKINA FASO

Participer à une société qui apprend

Manuel méthodologique pour observer les réalisations du droit à l'éducation en tant que droit culturel

M. Bougma, C. Dalbera, S. Gandolfi, P. Meyer-Bisch, G. Ouedraogo (eds.)

Globethics.net Co-Publications & Other

Globethics.net Co-Publications & Other

Director: Prof. Dr Obiora Ike, Executive Director of Globethics.net in Geneva and Professor of Ethics at the Godfrey Okoye University Enugu/Nigeria.
Series Editor: Dr Ignace Haaz, Managing Editor

Globethics.net Co-Publications & Other
M. Bougma, C. Dalbera, S. Gandolfi, P. Meyer-Bisch, G. Ouedraogo (eds.), *Participer à une société qui apprend*
Manuel méthodologique pour observer les réalisations du droit à l'éducation en tant que droit culturel
Geneva: Globethics.net, 2021
ISBN 978-2-88931-430-0 (online version)
ISBN 978-2-88931-431-7 (print version)

Managing editor: Ignace Haaz
Editorial and scientific direction: P. Meyer-Bisch
Cover design: Michael Cagnoni
Cover image: batik by Robert Compaoré. Photography by Laura Dalbera, color retouching Carla Bechtold-Dalbera
Editing Assistant: Jakob William Bühlmann Quero

Globethics.net International Secretariat
150 route de Ferney
1211 Geneva 2, Switzerland
Website: *www.globethics.net/publications*
Email: *publications@globethics.net*

All web links in this text have been verified as of October 2021.

SOMMAIRE

Annexes

INTRODUCTION : FINALITÉ, MÉTHODE ET UTILITÉ

« L'école doit être l'affaire de tout le village, et le village, l'affaire de l'école »[1]

Tout homme désire savoir, connaître, reconnaître et être reconnu, c'est sa dignité et c'est sa joie, c'est son droit et c'est sa responsabilité qu'il peut partager librement avec les autres. L'épanouissement de ce désir libère l'admiration, la soif de comprendre, la joie de recevoir et de donner, de former des projets de vie pour les autres et pour soi, la joie d'aimer. Toute femme et tout homme a le droit et la responsabilité de participer tout au long de sa vie à une société qui apprend, une société *apprenante**[2] dans toute la réciprocité de cette activité : une société qui apprend à tous ses membres, ainsi qu'à ceux venus d'ailleurs, les savoirs dont elle dispose, et qui sait apprendre d'eux en recueillant la diversité et la qualité des savoirs dont ils sont porteurs. Il y a une véritable osmose entre l'école et la société, au principe de sa « reproduction » et de son dépassement, ou élévation.[3] Le mépris de ce désir fondamental est source de honte, de gaspillage des ressources les plus précieuses et d'incapacité pour chacun et pour tous.

Finalité

Tout être humain a donc le droit de partager les meilleurs savoirs. Le présent manuel a pour finalité de contribuer à ce que la réalisation de ce droit fondamental reste le moins possible une utopie. L'objectif est de tracer des chemins et des méthodes de réalisation, partout où c'est possible, en recueillant le meilleur de ce

---

[1] Joseph Ki-Zerbo, 2010, *Éducation et développement en Afrique,* p.52. Voir aussi le chapitre consacré à ce thème dans *Éduquer ou périr* (p. 88): « Pour que l'école soit comme le sel dans la sauce, il faut qu'elle soit réellement immanente au milieu ».

[2] Le signe * renvoie au glossaire en fin de volume.

[3] C'est le thème toujours plus actuel et trop méconnu de Joseph Ki-Zerbo, notamment dans : *Repères pour l'Afrique*, 2007.

qui existe déjà pour le mettre en lumière et le développer. Il s'agit de tout mettre en œuvre pour accroître au mieux les capacités qui font la dignité de chacun, dans une éducation / formation, participative et permanente. La dignité se dit de multiples façons selon les langues et leurs cultures ; elle est le but, la force et la fierté de chacun, comme de toute communauté authentique (fière de ses valeurs et hospitalière). C'est le cas au Burkina Faso avec le « Burkindlim », expression de la dignité à la fois individuelle et communautaire. C'est aussi ce dont témoigne la langue grecque ancienne avec le terme de « *Paideia* »[4] pour désigner *cette éducation à la cité et de la cité*. Loin d'une pédagogie individualiste, mais sans tomber dans une dérive collectiviste ou nationaliste, il s'agit de développer un *bien commun** constitué par les responsabilités, les droits et les libertés de chacun.

Burkindlim est un terme d'origine burkinabè qui contient un panier de valeurs en actions qui convergent dans un processus d'éducation et de formation des « hommes intègres » :

1) épanouir la dignité de chacun, sens de toute vie, par toutes les voies possibles ;

2) comprendre cette dignité comme un bien commun de toute la société ;

3) … pour laquelle toutes les personnes ont ici aussi la responsabilité commune d'interagir de façon à éduquer et s'éduquer mutuellement tout au long de la vie ;

4) promouvoir le respect mutuel et le pardon, piliers de l'entente et de la résolution des conflits interpersonnels et collectifs, donc de la paix ;

5) valoriser le travail et le courage comme pratiques effectives de la liberté au service de toute la société ;

6) inscrire ses pensées et actions dans la durée et la fidélité aux valeurs de la société, telles que portées dans son identité collective de burkinabè, dans les valeurs particulières de ses appartenances de groupes, et enfin par ses propres noms et surnoms, qui permettent à chacun de trouver les chemins de son excellence, au sens où celui qui excelle est celui qui accomplit de la manière la plus renommée sa fonction sociale. La personne reçoit alors le plus beau titre qui soit : « Digne fils ou fille du Pays »… *burkinbila.*[5]

Paideia est un terme d'origine grecque qui contient lui aussi tout un panier de valeurs en actions :

1) élever chaque personne pour qu'elle réalise ce qu'il y a de plus authentique en elle ;

2) ce qui conduit à épanouir sa dignité ;

3) comprise comme un bien commun qui importe à tous ;

4) et pour laquelle tous ont la responsabilité commune d'interagir de façon à éduquer et s'éduquer mutuellement tout au long de la vie ;

---

[4]Nous avons développé ces thèmes dans le livre en ligne: *L'interdépendance des droits de l'homme au principe de toute gouvernance démocratique* (voir la bibliographie à la fin). On pourrait citer beaucoup d'autres termes, notamment l'Ubuntu dans les sociétés bantues. Voir notamment: Joseph Ki-Zerbo, 2010, *Repères pour l'Afrique*, pp.16 et sv.

[5] Voir: *Grenier à mots moore*, 2008.

5) enfin, le développement de ces interactions conduit à accomplir la citoyenneté de chacun en participant à la société la plus juste, la plus démocratique, et donc la plus apprenante possible.

Il s'agit pour cela aussi de décloisonner. Ce désir s'épanouit certes par le droit à l'éducation, mais aussi en lien étroit avec les droits à l'information et aux patrimoines et à tous les autres *droits culturels**, qui sont tous des droits de connaître, de reconnaître et d'être reconnus. Au cœur de l'ensemble des droits humains, ces droits permettent de connaître et de s'initier aux savoirs disponibles tout autour de soi, d'aller en chercher d'autres, et de contribuer à des communautés et sociétés plus apprenantes et donc plus fortes et pacifiques.

Ce désir de connaître est aussi bien propre à chacun qu'universel ; c'est le levier du développement libre et digne de toute personne et de toute communauté, *à la source* de tous les droits de l'homme. Ces droits, libertés et responsabilités sont notre bien commun. Mais nous avons besoin encore de beaucoup de recherches interculturelles pour développer cette universalité concrète nourrie de mille et une richesses culturelles.

Une communauté humaine est mature, quand elle s'enrichit continuellement des intelligences partagées de ses membres, de ses traditions ainsi que des savoirs qui viennent d'ailleurs ; quand elle demeure apprenante.

Constat contrasté

Or les recherches participatives nous placent devant un contraste impressionnant :

- une grande partie des habitantes et habitants ne peuvent pas jouir pleinement de ces droits, libertés et responsabilités ; cela signifie qu'une grande part des savoirs et des possibilités de développement personnel et collectif se perd définitivement ;
- pourtant cette richesse existe : bien des expériences heureuses, portées par des associations, des communes, parfois des personnes isolées, sont méconnues ; en réalité, beaucoup de richesse humaine est gaspillée ; il s'agit pourtant de la première ressource, avant même les autres ressources économiques.

Personne, aucun pouvoir central dans une société démocratique, ne peut assurer tout seul cette responsabilité, car elle appartient à toutes et à tous. Chaque famille doit pouvoir être impliquée, chaque communauté, chaque institution éducative, médiatique, artistique, scientifique...., en tant que porteuse de savoir dans quelque domaine que ce soit, et chaque autorité publique à tous les échelons.

Méthode d'observation largement participative

C'est pourquoi, la première obligation envers l'éducation / formation en tant que bien commun, dont chacun porte une part de responsabilité, est de développer une observation participative précise, afin de documenter les ressources de savoirs ainsi que la disponibilité des acteurs et de renforcer leurs synergies.

Le présent manuel d'observation participative de la réalisation du droit à l'éducation dans des communes du Burkina Faso est l'aboutissement d'un long travail participatif.

- Entre 2001 et 2005 un programme de recherche / action multipartenaire sur les indicateurs du droit à l'éducation de base au Burkina Faso a été développé. Cette recherche systémique, fondée sur la réalisation de quatre capacités a abouti à la construction d'un tableau de bord contenant 47 indicateurs, publié et diffusé en cinq langues du Burkina Faso. L'étude complète fut publiée puis poursuivie les années suivantes par plusieurs enquêtes.[6] D'abord développée au niveau national, bien que constamment améliorée, cette approche a montré, qu'il fallait aller au plus près des situations locales, parce qu'elles sont chacune particulières, et qu'il est alors possible d'identifier concrètement les obstacles et les ressources au développement de l'éducation tout au long de la vie.
- C'est pourquoi, en 2014, une enquête sur une commune urbaine (Kaya) et une rurale (Barsalogho) a été menée, selon la méthode *Paideia*[7] d'observation participative consistant au recueil et à l'analyse d'étude de cas avec des cartographies. Un séminaire d'analyse des résultats s'est tenu à Kaya et a permis de préparer l'étape suivante.
- Celle-ci a été développée entre 2016 et 2018, au niveau de dix-huit communes des six régions. Elle a montré aussi qu'il était nécessaire de comprendre le droit à l'éducation parmi les droits culturels : les droits de chacun de participer à la vie culturelle. Les personnes et le pays seraient bien mieux développés si de nombreuses ressources culturelles, portées par une diversité d'acteurs culturels dans les territoires, étaient mises en valeur dès l'enfance et tout au long de la vie. Cette étape de la recherche a donné matière à un colloque international, tenu à Ouagadougou, les 5-6 juillet 2018. Celui-ci a permis d'élaborer une nouvelle publication : *Le droit à l'éducation, un droit culturel au principe des droits de l'homme* (2019).
- Enfin, pour préciser et confirmer la méthode et ces résultats, depuis 2020, et pour la synthétiser en un manuel, une nouvelle étude s'est focalisée sur les écosystèmes éducatifs d'une commune urbaine (Kombissiri) et d'une commune rurale (Doulougou) afin d'y tester au plus proche des territoires, la façon d'intégrer aux acteurs éducatifs d'autres acteurs culturels qui y sont actifs, ou pourra ient l'être

[6] Voir dans la bibliographie sous : publications précédentes.

[7] Voir l'introduction ci-après.

(bibliothèques, ateliers et associations artistiques, environnementales…) et ce, conformément à la loi d'orientation de l'éducation du Burkina Faso qui précise que l'éducation informelle est pleinement partie prenante du système éducatif et de formation.

Le déploiement de la méthode enrichie avec cette étude particulière est l'objet de ce manuel.

Utilité : rendre visible et concret ce qui est complexe

Le droit à l'éducation ne s'impose pas. Il ne se distribue pas non plus comme un bien de consommation. Il faut le tracer de façon concrètes dans ces chemins complexes comme on le fait pour les chemins de l'eau. C'est dans la mesure où chacun peut considérer la vie éducationnelle comme l'affaire de toutes et de tous, un bien commun en co-responsabilité, partage de savoirs et réciprocité qu'on peut espérer des progrès concrets et importants.

Cela signifie une responsabilité commune pour :

- *observer* les situations concrètes en associant tous les acteurs concernés, éducatifs, mais aussi les autres acteurs porteurs de culture présents sur le territoire ;
- *analyser* ensemble les résultats et comparer avec d'autres observations effectuées dans d'autres contextes ;
- *proposer* des améliorations et tenter de les réaliser.

C'est tout un apprentissage d'une vie démocratique inculturée (enrichie des ressources culturelles de chaque milieu) qui se joue dans cette observation participative.

Il n'est pas possible de participer à la vie sociale et politique, si on n'a pas la possibilité de participer à la vie culturelle dans les domaines les plus concrets et les plus importants de la vie.

Pour que cette visée idéale soit concrète, il est nécessaire d'adopter des méthodes d'intelligence collective. Le présent manuel en propose une.

Présentation des étapes de la méthode

1. Identification et évaluation des capacités (« 4A »)

L'éducation implique le développement de quatre grandes capacités que toute éducation a mission de développer : **A**cceptabilité, **A**daptabilité, **A**ccessibilité, **A**déquation des dotations qui se complètent mutuellement. Un système d'indicateurs axé sur ces quatre capacités permet une représentation concrète et dynamique de l'effectivité du droit à l'éducation dans un territoire choisi. Cette approche, dite des (« 4A »), constitue la base théorique et pratique, en partie chiffrée, de l'observation participative.

2. Analyse par cas d'école : Paideia

Mais les moyennes chiffrées ne disent pas tout, car toute situation est singulière. Pour aller au plus près de chaque réalité concrète, nous proposons d'élaborer des études de cas, ou « cas d'école », au cours d'enquêtes de terrain, pour recueillir les données en situation, établir des cartes montrant tous les acteurs impliqués, et les analyser avec des indicateurs qui pointent la réalité de leur coopération et la valeur des synergies produites. La méthode *paidea* permet d'identifier dans chaque situation les leviers ou obstacles qui développent ou freinent le droit à l'éducation, en lien étroit avec le droit de tous de participer à la meilleure information sur les activités qui le concernent.

3. Propositions / recommandations

Les résultats obtenus à l'aide de la méthode des « 4A », complétée en situation par l'analyse des cas d'école à l'aide de cartographies permet d'identifier des causes et dynamiques et donc de formuler des propositions concrètes et documentées d'amélioration. De la comparaison entre tous ces cas d'école, il est possible d'adresser aux différents acteurs des propositions ou recommandations plus générales, tout en restant concrètes et réalistes, afin qu'ils coopèrent au mieux à chaque niveau de gouvernance.

L'objet et le défi de cette méthode : déceler les forces

Il faut de la confiance et du courage pour aller observer au plus près les souffrances et frustrations, entendre les personnes qui sont soumises à la honte de l'ignorance, les parents, les enseignants et les responsables de structures éducatives ou politiques qui portent cette honte et en sont les témoins.

Il faut aussi du courage pour relever les nombreuses initiatives, parfois de ces mêmes personnes, et aussi celles des artistes, scientifiques, religieux, et autres acteurs porteurs de culture qui sont autant de motifs d'espoirs réalistes.

En particulier, la crainte qu'une observation dynamique soit beaucoup trop coûteuse en investissement est compensée par le fait que *seule cette observation permet de débusquer gaspillages et effets de levier*, et qu'elle peut très bien être opérée par échantillonnages, dans la mesure où les relations entre les indicateurs peuvent être repérés et suivis dans des espace-temps bien définis.

Il faut tabler sur les capacités d'observation des différents acteurs et sur la mise en œuvre de l'intelligence collective, quand elle est confrontée à la réalité des difficultés. C'est le principe d'une société qui apprend.

La méthode proposée ici est le fruit d'un travail collectif en équipes depuis plus de 20 ans. Elle est de portée locale et régionale, autant qu'universelle, puisqu'elle est fondée sur une mise en œuvre participative de droits qui devraient être universels, parce qu'ils sont nécessaires à chacun et au libre développement de chaque société.

Merci à toutes et à tous et bonne chance pour en développer le succès.

Le Comité élargi de rédaction

Les dimensions culturelles du droit à l'éducation
ou le droit à l'éducation en tant que droit culturel[8]

Dans son analyse, la Rapporteuse spéciale identifie, en prenant appui sur les nombreuses expériences nationales, des éléments propices au respect de la diversité et des droits culturels de chacun dans l'éducation :

1. Valorisation des ressources culturelles présentes;
2. Participation à la vie éducationnelle de tous les acteurs pertinents, y compris les apprenants dans toute leur diversité ;
3. Décentralisation en faveur des acteurs locaux et mise en place d'une certaine autonomie des écoles pour assurer la pertinence culturelle des apprentissages ;
4. Méthodes d'observation participatives et systémiques ;
5. Respect des libertés dans le champ éducationnel, notamment.

La Rapporteuse spéciale invite à considérer le droit à l'éducation comme un droit culturel en tant que tel, c'est-à dire comme le droit de chacun d'accéder aux ressources culturelles nécessaires pour développer librement son processus d'identification, vivre des relations dignes de reconnaissance mutuelle tout au long de son existence et affronter les défis cruciaux auxquels notre monde doit faire face, de s'adonner aux pratiques qui permettent de s'approprier ces ressources et d'y contribuer.

L'originalité de cette approche consiste à considérer la vie éducationnelle comme une relation vivante entre des acteurs (élèves, éducateurs, organisations et autres acteurs associés) et des ensembles de connaissances qui forment des ressources culturelles communes, porteuses « d'identité, de valeurs et de sens », sans lesquelles les acteurs ne peuvent rien.

[8] Pragraphe introductif du Rapport de la Rapporteuse spéciale sur le droit à l'éducation, 16.04.21, A/HRC/47/32.

I. MÉTHODE

Observer la complexité de façon participative

Élargir. Considérer de façon concrète le droit à l'éducation en tant que droit humain et notamment dans sa nature culturelle, implique une conception transversale et élargie du domaine et de ses acteurs.

- Une conception large de la culture incluant tous les modes de vie conduit nécessairement à comprendre que beaucoup d'autres *acteurs culturels** ont une coresponsabilité directe ou indirecte dans la *vie éducationnelle**, car ils sont - ou devraient-être - parties prenantes d'une ou plusieurs communautés éducatives.
- Une compréhension de l'éducation, comme de chacun des autres droits humains, en tant que bien commun nous oblige à ne pas nous focaliser exclusivement sur les États, les communes, les structures éducatives et quelques partenaires, mais à déployer la coresponsabilité d'un très grand nombre d'*interacteurs**, dans chaque *écosystème** éducatif observé.

Cet élargissement du domaine et de ses acteurs est nécessaire, mais c'est aussi un risque de dilution, car personne ne peut tout embrasser.

Resserrer. Comment dès lors saisir la complexité des situations sans se perdre ? A la multiplicité des acteurs et de leurs compétences, il convient de répondre par l'identification de leurs synergies. Toute méthode systémique traite cette difficulté en mettant l'accent sur les interconnexions.

La méthode développée progressivement depuis 2001 avec différents types d'enquête se réalise en deux moments :

1) une identification et évaluation des capacités, se présentant sous la forme de tableaux de données par capacité dans une logique systémique ;

2) une analyse par cas d'école, assortie de cartographies, permettant d'identifier en situation un entremêlement de facteurs. La visualisation des acteurs et des données est essentielle à leur appropriation par tous les acteurs concernés.

Identification et évaluation des capacités (« 4A »)

Les capacités sont des valeurs

L'éducation consiste à libérer et épanouir les capacités qui permettent d'accèder, de pratiquer et de contribuer à la connaissance du monde, des autres et de soi. C'est le droit de participer à une vie éducationnelle commune qui autorise et permet à chacun de recevoir, de donner et de chercher ensemble.

Chacun est personnellement « détenteur du droit » et aussi « porteur d'obligations » pour lui et pour les autres. L'éducation est comme un courant qui passe entre tous en découvrant et partageant des savoirs multiples (ou *ressources culturelles**) de façon à renforcer les capacités de chacun.

Quatre capacités[9] sont identifiées comme nécessaires et fondamentales, pour réaliser concrètement ce « lien de droit », cette expérience de l'éducation comme découverte des richesses et des dangers de la vie (*Figure 1: Boucle des capacités).*

L'Acceptabilité définit la légitimité démocratique: la pertinence se rapporte au droit à l'éducation compris dans l'ensemble des droits humains. Elle est une appropriation des valeurs que les acteurs doivent constamment contrôler et authentifier. Une éducation est acceptable quand elle introduit à la connaissance et à la réalisation de chacun des droits humains.

L'Adaptabilité définit l'adéquation des objectifs et des résultats, la capacité des apprenants et des formateurs à répondre aux besoins et aux capacités des apprenants, ainsi qu'aux ressources disponibles ou à créer.

L'Adéquation des dotations (ou disponibilité des divers types de ressources): met l'accent sur la diversité des ressources humaines et non humaines afin de repérer quand il y a richesse: diversité interactive et capacité des personnes et des institutions à rassembler et utiliser les ressources diverses et nécessaires.

L'Accessibilité de chacun à l'éducation est :

- sociale et culturelle : il s'agit d'assurer l'accès de toutes et de tous, quelles que soient les conditions sociales et les appartenances culturelles ;

---

[9] En anglais : *Acceptability, Adaptability, Availibility, Accessibility.* Ces quatre capacités ont été définies pour la première fois aux Nations Unies par le Comité sur les droits économiques, sociaux et culturels dans son *Observation générale 13* (novembre 1999).

- géographique : il convient de prendre en compte les obstacles liés aux distances
- économique : il s'agit de prendre en compte les coûts effectifs et les coûts d'opportunité (manques à gagner)

Un droit est effectif lorsque les capacités qui le fondent sont appropriées, observables et vérifiées.

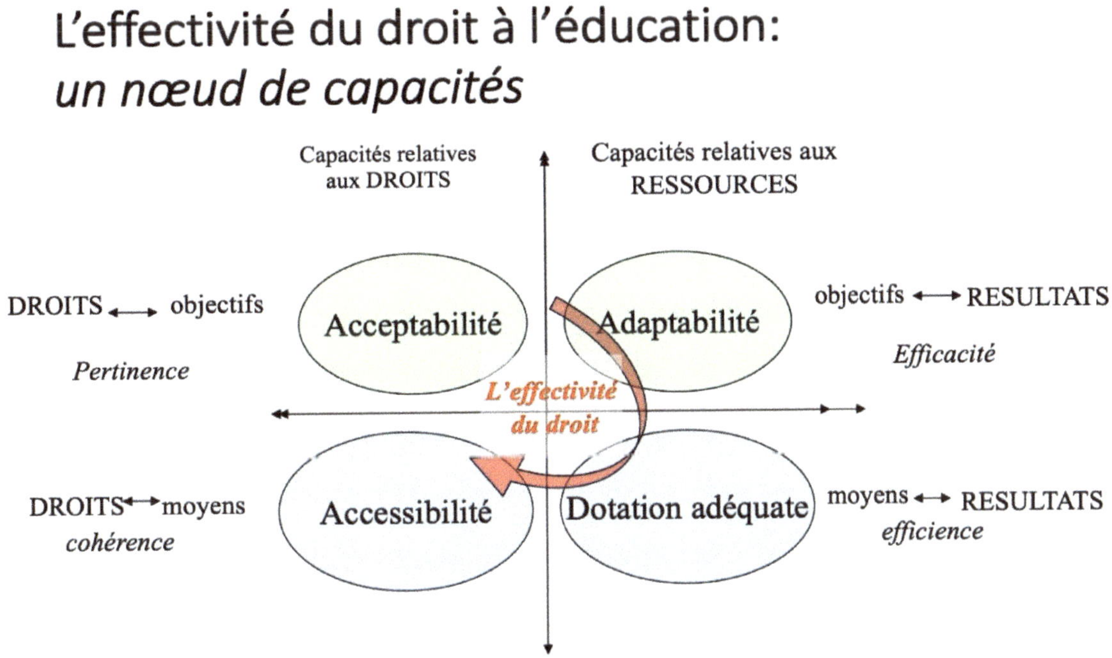

Figure 1 : Boucle de capacités[10]

Le développement de chacune de ces capacités met en jeu un partage de connaissances, une bonne circulation de l'information et une recherche commune des savoirs qui manquent. Les quatre capacités concourent à ce qu'une éducation soit doublement appropriée par les acteurs, à chaque situation.*

[10] Ce schéma est tiré de notre premier ouvrage: *La mesure du droit à l'éducation*, p. 27

Un système d'indicateurs, non une simple liste

La recherche des indicateurs qui permettent d'évaluer chaque capacité permet de constituer un ensemble systémique d'entrées et non une simple liste. Le droit est pleinement effectif lorsque les quatre capacités sont reconnues et se renforcent mutuellement.

Par cette méthode, on peut obtenir une image dynamique d'un système, *acceptable* et accepté grâce à l'appropriation des valeurs et des lois, *adaptable* grâce à la diversité des acteurs qui y participent, *adéquatement doté,* y compris culturellement, et enfin *accessible* à tous sans discrimination. Un tel système permet une observation qualitative et dynamique apte à identifier les gaspillages et les synergies, par la prise en compte de la complexité et la valorisation des initiatives.

Limite de la méthode des « 4A »

L'analyse de l'effectivité du droit à l'éducation abordée avec la méthode des « 4A » est très féconde, mais elle a une limite : les données recueillies ne permettent pas d'appréhender la singularité des situations. Seule l'observation, toujours participative, d'une série de cas concrets, permet de :

- démêler l'enchevêtrement des acteurs qui interviennent dans une structure éducative ;
- mettre en évidence des causes défavorables, favorables ou mixtes, freins et moteurs d'une éducation réussie ;
- ne pas être trompé par des chiffres qui ont été regroupés sans tenir compte suffisamment des disparités ;
- chercher au contraire à identifier les entremêlements de causes qui se révèlent dans les différentiels, les contrastes entre situations surtout quand elles sont semblables en apparence.

1.1 Paideia. Analyse par cas d'école

Qu'est-ce qu'un écosystème éducatif ?

Un écosystème éducatif est un ensemble d'interactions qui permet le développement de savoirs multiples, il fait partie des *écosystèmes culturels**. Une relation éducative ne se réduit pas à un lien entre des élèves et des enseignants dans une école bien dotée. D'une part, élèves et enseignants sont tous considérés comme des *apprenants**, dans les deux sens du terme réalisant une relation de réciprocité. Un enseignant apprend à ses élèves, mais s'il n'apprend plus lui-même en même temps, il perd et ne transmet plus le désir permanent de découvrir la vie de l'intelligence, des sens et du partage. D'autre part, beaucoup d'autres acteurs interviennent dans l'activité d'une institution éducative : les familles, les diverses autorités, les associations, mais aussi d'autres institutions éducatives. La méthode des « 4A » avait déjà pris en compte cette complexité de façon générale. Les études de terrain ont montré qu'il fallait aller au plus proche de chaque situation pour comprendre les enjeux concrets qui, tout en étant particuliers à chaque situation, se retrouvent un peu partout de façons diverses, et permettent de mieux comprendre les *entremêlements de causes**.

On présente le plus souvent la relation éducative comme ce qui à l'évidence relie directement élèves et enseignants, avec d'autres acteurs autour, notamment les parents. Et dans une perspective humaniste, on insiste pour mettre « les personnes » au centre de l'attention. Certes, mais au centre, entre les personnes, il y a la recherche commune des connaissances qui fait le lien. Il ne faut pas oublier qu'au centre et autour de ces relations multiples se trouve une vie faite d'une diversité de ressources culturelles et de belles disciplines. Une vie risquée aussi. Considérer le droit à l'éducation en tant que droit culturel c'est prendre en compte deux « milieux », celui qui est au centre de la relation (les ressources culturelles exercées grâce à la découverte de leurs disciplines) et celui qui est autour : la grande diversité d'acteurs et de ressources avec leurs interactions (*Figure 2*).

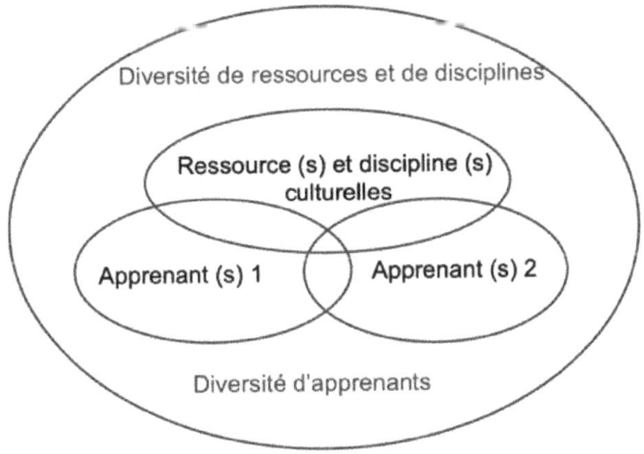

Figure 2 : la vie éducationnelle, une relation tripartite dans un milieu

Analyse des cas d'école au regard des droits culturels

Nourrie de l'expérience de la méthode des « 4A » développée au Burkina, et en s'appuyant sur le déploiement des droits culturels, selon la Déclaration des droits culturels issue des travaux de l'Institut interdisciplinaire d'éthique et des droits de l'homme de l'Université de Fribourg, l'Observatoire de la diversité et des droits culturels et l'association *Réseau culture 21* ont développé, depuis 2012, une méthode, nommée *Paideia*, d'observation participative fondée sur le recueil et l'analyse de cas d'école.[11] Cette démarche, expérimentée dans un programme « analyse des politiques publiques au regard des droits culturels » auprès de départements et de villes, a permis de récolter et d'analyser plus de 400 cas et d'élaborer de façon participa-

[11] Voir les activités du programme *Paideia* sur le site de *Réseau culture 21*

tive des recommandations à différents acteurs. Elle se déploie aujourd'hui avec une plus grande diversité d'acteurs.

À partir de 2017, nous l'avons appliquée et adaptée au Burkina Faso en la centrant sur le droit à l'éducation, compris dans toute son amplitude culturelle.

Huit droits culturels*

La méthode *Paideia* propose un accompagnement d'analyses de « cas d'école » au regard des huit droits culturels tels que définis dans les instruments internationaux et explicités dans la *Déclaration des droits culturels*, dite « Déclaration de Fribourg ».[12]

Article 3a	Choisir et respecter son identité culturelle dans la diversité de ses modes d'expression
Article 3b	Connaître et voir respecter sa propre culture, ainsi que les cultures qui, dans leurs diversités, constituent le patrimoine commun de l'humanité
Article 3c	Accéder, notamment par l'exercice des droits à l'éducation et à l'information aux patrimoines culturels qui constituent des expressions des différentes cultures ainsi que des ressources pour les générations présentes et futures aux patrimoines culturels
Article 4	Se référer, ou non, à une ou plusieurs communautés culturelles
Article 5	Accéder et participer librement à la vie culturelle
Article 6	S'éduquer et se former, éduquer et former dans le respect des identités culturelles (participer à une formation adéquate)
Article 7	S'informer et informer dans le respect des identités culturelles (participer à une information adéquate)
Article 8	Participer au développement culturel des communautés, à l'élaboration, la mise en œuvre et l'évaluation des décisions, au développement de coopérations culturelles.

[12] Voir le texte intégral de la Déclaration et son commentaire. Dans le préambule et le premier article, le texte précise es motivations et l'insertion des droits culturels dans l'ensemble des droits humains et propose dans l'article 2 des définitions de *culture*, *identité culturelle* et *communauté culturelle*.

Avantage des cas d'école : l'identification des contrastes

Alors que les analyses quantitatives sont obligées de chercher des moyennes et effacent nécessairement les diversités de situation, les méthodes par cas d'école ne remplacent pas les premières, mais les complètent en permettant de saisir les réalités – y compris celles des chiffres - en situation. C'est en effet dans les contrastes que se perçoivent les diversités de liens entre les facteurs.

Les « cas d'école » sont des situations qui méritent d'être analysées de manière approfondie parce qu'elles représentent des exemples significatifs, qui vont des plus mauvaises pratiques aux meilleures, en passant par tous les intermédiaires. Un cas d'école est d'autant plus intéressant qu'il présente des situations contrastées.

Les cas d'école comprennent :

- une collecte de données et une fiche narrative (1.1.1),
- deux types de cartes d'interaction (1.1.2),
- une analyse à l'aide d'une boucle de six indicateurs de connexion (1.1.3).

Sur la base de ces analyses partagées en intelligence collective, des propositions pour des politiques, sectorielles ou générales, sont adressées aux partenaires par les participants à la démarche.

1.1.1 La collecte des données et les fiches narratives de synthèse.

Dans la recherche en France, les fiches narratives décrivant les structures analysées étaient axées sur ces huit droits. Dans la présente recherche, la fiche narrative a été établie sur la base de questions posées aux professionnels spécifiquement sur le droit à l'éducation. Dans la présente recherche/action au Burkina Faso, les cas d'école sont des cas qui correspondent à des unités de réalisation du droit à l'éducation en tant que droit culturel : structures du pré-primaire, du primaire, du post-primaire, de l'AENF (alphabétisation et éducation non formelle des jeunes), de la formation pré-professionnelle de base, telle que définie par la législation internationale et nationale (PIDESC, LOE)[13].

Analyser ces cas selon une grille d'observations « contrastives » (mettant en lumière les contrastes entre pratiques qui paraissent les pires et celles qui semblent être les meilleures), permet un premier repérage croisé des situations particulièrement significatives. Cette analyse s'appuie sur un processus de collecte de données par enquête, et à chaque fois que c'est possible par atelier participatif.

---

[13] Voir la liste des sigles en fin de volume

La collecte des données au Burkina Faso, réalisée en février 2020, a utilisé sept guides d'entretien semi-structurés adressés à plusieurs acteurs des structures éducatives (responsables, enseignants, élèves, acteurs culturels, ...). Chaque guide comprend deux parties :

- une partie identification qui collecte des informations sur les caractéristiques individuelles des participants et sur la localisation de leur structure éducative ;
- une partie description qui comporte une série de questions permettant de comprendre la vie de la structure éducative.

De façon pratique sur le terrain, les entretiens avec les différents acteurs des structures éducatives ont été enregistrés avec le consentement des participants. Pour une structure éducative donnée, tous les enregistrements audio ont été synthétisés dans des fiches (fiches narratives de synthèse). Ces fiches ont par la suite été analysées à l'aide de grilles. Ce sont les informations consolidées dans les grilles d'analyse qui ont servi à la réalisation des différentes cartes (parties prenantes, chaîne des valeurs, schéma d'interconnexion) et à la rédaction de leurs commentaires *(voir l'exemple de grille interdiscipline).*

Exemple : Grille inter-discipline utilisée pour appréhender les domaines qui concourent à l'atteinte des objectifs d'un cas d'école donné

Questions	**Lien avec le droit appréhendé**
• Comment les activités pédagogiques / andragogiques interagissent pour l'atteinte des objectifs ?	• Droit à une éducation interactive et inter disciplinaire de qualité.
• Comment l'information des médias contribuent-elles au développement des apprentissages ou des compétences chez les apprenants ou les acteurs impliquées ?	• Droit à l'information dans le cadre d'un droit à l'éducation/formation tout au long de la vie.
• Comment les activités culturelles contribuent-elles au développement des savoirs, des apprentissages ou des compétences chez les apprenants ou les acteurs impliqués ?	• Droit à acquérir des outils de qualité permettant de participer à la vie culturelle au sens large, y compris économique (métiers.)
• Comment les connaissances sur le développement local sont-elles mises en jeu dans le développement des savoirs, des apprentissages ou des compétences chez les apprenants et/ou les acteurs impliqués ?	• Droit au développement conçu comme un droit à l'interdépendance de tous les droits de l'homme (dont les droits culturels) concernés par une situation donnée.

- Comment les connaissances sur la citoyenneté et la vie associative sont-elles mises en jeu dans le développement des savoirs, des apprentissages ou des compétences chez les apprenants et/ou les acteurs impliqués ?
- Avez-vous souvent fait appel à d'autres personnes ressources pour favoriser la mixité/diversité des savoirs chez les apprenants et/ou chez les acteurs impliqués ?
- Droit au développement soutenable, inclusif et résilient dans une recherche optimale de savoirs et de synergies, dans une société qui apprend (démocratique).
- Droit culturel à la démocratie favorisant la participation de tous par le meilleur usage des droits, responsabilités et libertés.

1.1.2 Cartes d'interaction

Une carte systémique est une carte qui représente un système d'interactions entre différents acteurs interagissant dans l'activité étudiée. En plus de sa fonction spécifique, chaque acteur est compris comme un *interacteur**, partie prenante à une activité, ici une activité éducative.

Il est utile d'établir, de façon participative, avec les acteurs concernés, deux cartes :

- une carte de parties prenantes (*stakeholder map*) centrée sur un acteur-clé (une institution ou structure éducative), ou carte globale d'un écosystème avec plusieurs centres (les différents interacteurs) ;
- une carte de processus, ou chaîne de valeurs (*valuechain map*) qui montre les étapes et les interactions dans ce processus éducatif.

Cet ensemble de cartes forme une cartographie de l'écosystème éducatif analysé. Le but est de décrire et de comprendre les pauvretés et les richesses d'un système par les capacités des acteurs à interagir entre eux. La richesse est le résultat d'une bonne synergie; la pauvreté au contraire résulte de l'absence - ou de l'incapacité - d'acteurs qui devraient participer, ce qui entraîne un gaspillage de ressources présentes mais pas, mal ou trop peu utilisées.

Carte d'interaction entre parties prenantes

L'objectif des cartes d'interaction est d'identifier et de situer les connexions et les interactions entre les parties prenantes.

Chaque acteur est ici classé non par son statut mais par sa fonction. Qu'il s'agisse d'une personne, d'une structure, d'une institution ou d'une organisation, un acteur peut être public (relevant d'une institution publique), privé (logique d'entreprise) ou civil (organisation de la société civile, sans but lucratif). Sa première responsabilité se réalise et se vérifie dans la richesse de ses interactions avec ses parties prenantes pour assurer sa mission.

Chaque acteur de l'éducation peut établir « sa » carte des parties prenantes. En effet, sa mission principale ne contribue à la réalisation des droits, des libertés et des responsabilités éducatives que si elle intègre la recherche systématique des synergies avec les acteurs complémentaires. Il convient de les lister et les situer, y compris les acteurs avec qui il est difficile, voire impossible de collaborer, alors que ce serait nécessaire.

Pour l'école, par exemple, la participation des enseignants, enseignés, parents, administrateurs, etc., mais aussi autres acteurs (théâtre, musée, conservatoire…) est indispensable pour réaliser la « vie » d'une école bien insérée dans la cité *(figure 3: carte d'interaction des parties prenantes).*

Carte d'interaction des parties prenantes :

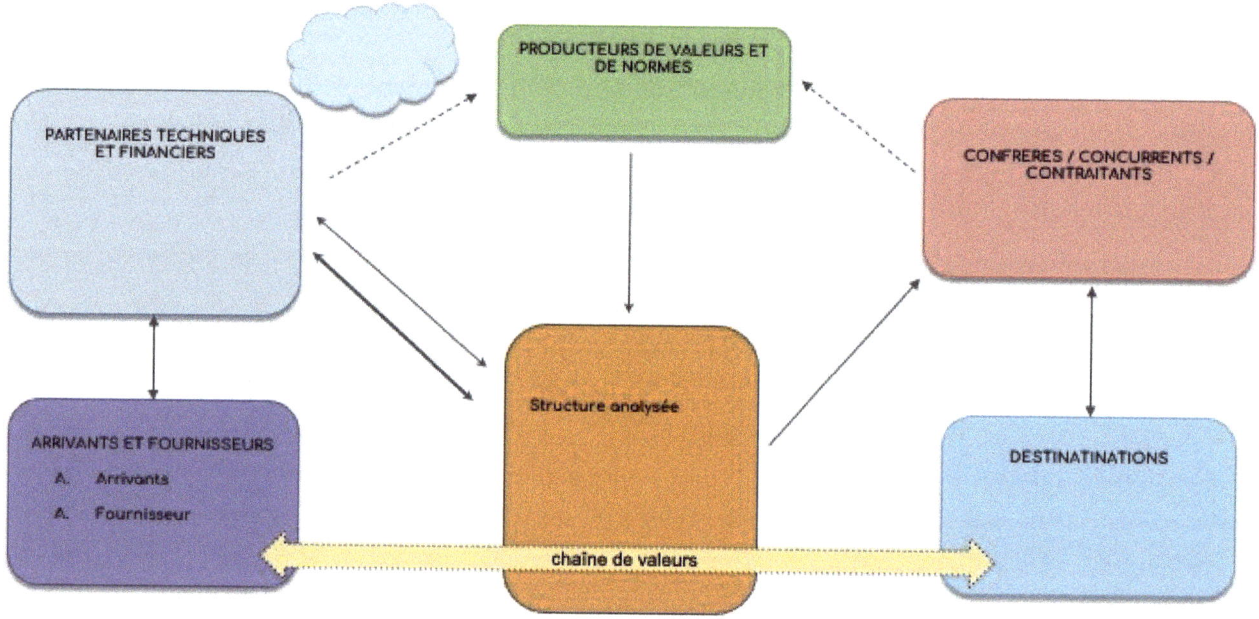

Conseils de visualisation

Le positionnement spatial des catégories de parties prenantes devrait demeurer à peu près le même que dans l'exemple, afin de faciliter la lecture rapide.

L'intensité et la direction des flux entre les catégories d'acteurs et surtout avec l'acteur culturel central peuvent être rendu visible par :

- des flèches, pour donner la direction des interactions: une flèche à double pointe marque une collaboration réciproque, et dans un seul sens, une relation hiérarchique;

- des flèches pleines marquent une interaction soutenue, alors que des flèches hachurées signalent une interaction plus légère, voire informelle.

Un nuage, au-dessus d'une catégorie d'acteur, peut permettre de visualiser les absents, les parties prenantes que l'on souhaiterait impliquer ou qui sont potentiellement concernées.

Chaque catégorie de parties prenantes peut être représentée par une couleur. Celle-ci, maintenue dans la carte qui représente la chaîne de valeurs, permettra de rapidement identifier la fonction d'un acteur dans une activité ou un processus.

Ce « modèle » reste naturellement souple, chaque équipe peut l'adapter à la situation qu'elle analyse.

Six catégories de parties prenantes selon leurs fonctions

La répartition proposée se fait selon les fonctions et non pas selon la nature (publique, privée ou civile) de chaque acteur, de façon à mettre en évidence les *coresponsabilités**, ou synergies entre les responsabilités.

Les parties prenantes de la mission de l'acteur éducatif analysé sont placées dans le schéma selon qu'elles remplissent l'une ou plusieurs des fonctions ici distinguées. Il va de soi qu'un acteur peut participer à plusieurs fonctions et figurer alors à plusieurs endroits.

a) L'équipe (direction et collaborateurs): au sein de la structure de l'acteur analysé, la constitution de l'équipe est la première ressource. Dans les structures éducatives et de formation du Burkina Faso, elle comprend avec la direction, le corps enseignant permanent, et les apprenants, ainsi que les parents et mères d'élèves, le comité de gestion ou d'autres comités spécifiques qui peuvent exister dans le cadre de la structure concernée.

b) Financeurs: collectivités publiques, acteurs privés, mécènes, donateurs, etc. qui fournissent les fonds nécessaires à la réalisation de la mission et des activités. Au Burkina Faso, on les désigne par les termes de « partenaires technique et financiers » (PTF) car, de fait, ils sont les premiers producteurs de normes spécifiques à la structure par les conventions qu'ils passent avec l'équipe.

c) Acteurs du débat public / producteurs de valeurs et de normes : médias, institutions nationales et internationales, associations culturelles et de développement, de promotion de l'éducation pour tous, porteurs de valeurs traditionnelles et religieuses, organes de surveillance, etc. qui influencent la définition et l'évaluation de la mission et des activités.

d) Confrères, concurrents et co-traitants : autres acteurs ayant une mission et des activités semblables, complémentaires et /ou concurrentes à celles de l'acteur culturel analysé. En tant que confrères, ils partagent en partie les mêmes missions. Si un acteur culturel contribue de façon régulière et intime à la structure (par exemple, une radio qui dispense des cours et de l'information), il peut être classé comme co-traitant.

e) Arrivants / fournisseurs :

- les arrivants sont des personnes qui rejoignent la structure ;
- les fournisseurs apportent les équipements et les services. Parmi ces derniers, on peut classer les acteurs culturels et formateurs éducatifs : artistes, conteurs, scientifiques, agents de développement, etc. impliqués régulièrement ou de cas en cas dans la mise en œuvre d'une éducation en tant que droit culturel. Ils forment la *chaîne amont.*

f) Destinataires : il s'agit des personnes qui partent, ainsi que des partenaires de distribution, d'orientation; il faut compter aussi les destinataires des bénéfices des activités. Ils forment la *chaîne aval.*

A cela peut s'ajouter l'une ou l'autre *communauté locale,* plutôt non formelle (le quartier, les voisins, ...) qui sont plus ou moins directement concernés par l'activité. Par exemple, une nouvelle implantation éducative peut attirer d'autres activités notamment économiques dans une commune ou une région.

Remarque : chaque acteur, ici classé par fonction, peut être public, ou privé, associatif, informel, non formel. L'essentiel est qu'aucun ne soit oublié dans ce qu'il peut apporter.

Cartes de processus, ou « chaîne de valeurs »

La « chaîne de valeurs » est celle qui place principalement l'équipe (direction et collaborateurs) en interaction entre arrivants et destinataires, qui a pour effet de produire des acquis, diverses valeurs ajoutées chez les apprenants en termes d'épanouissement et de savoirs adéquats pour leur vie, selon les destinations d'intégration sociétale ou de formation supérieure concernées.

La « chaîne de valeurs » d'une activité est le processus, étape par étape, du développement de cette activité. La valeur complexe de la chaîne est constituée par l'ensemble des valeurs (culturelles, écologiques, économiques, politiques et sociales) développées dans son processus. Celui-ci est optimum, lorsque les ressources apportées par chaque acteur sont dans la meilleure synergie possible: elles sont alors valorisées au mieux. Dans le cas contraire, les ressources absentes ou méprisées produisent un gaspillage des ressources présentes (par exemple des enseignants mal formés contribuent au gaspillage des ressources des élèves et appauvrissent la société). Il s'agit de repérer les ressources respectées (facteurs favorables), moyennement vécues et comprises, ou pas du tout respectées (freins à la réalisation du droit). Ces cartes montrent la continuité et la meilleure efficacité d'une chaîne de valeurs.

La carte de la chaîne de valeurs schématise le processus de l'activité afin d'en visualiser les étapes (chaînons, segments, résultats) et d'évaluer la qualité, les enjeux, les défis et les difficultés dans la continuité du processus, ainsi que la valeur des connexions avec les parties prenantes. Elle permet de montrer comment ce processus s'enrichit en fonction :

- des interacteurs/ parties prenantes qui y participent ;
- des interactions qui se développent entre eux et avec d'autres ;
- des acquis (valeurs) qui s'ajoutent et constituent la richesse de la chaîne de valeurs (capacités, savoirs, expériences, etc.).

Il ne s'agit pas de visualiser le calendrier précis d'exécution, mais bien les segments chronologiques qui permettent d'augmenter la valeur de la chaîne *(figure 4: carte de la chaîne de valeurs)*.

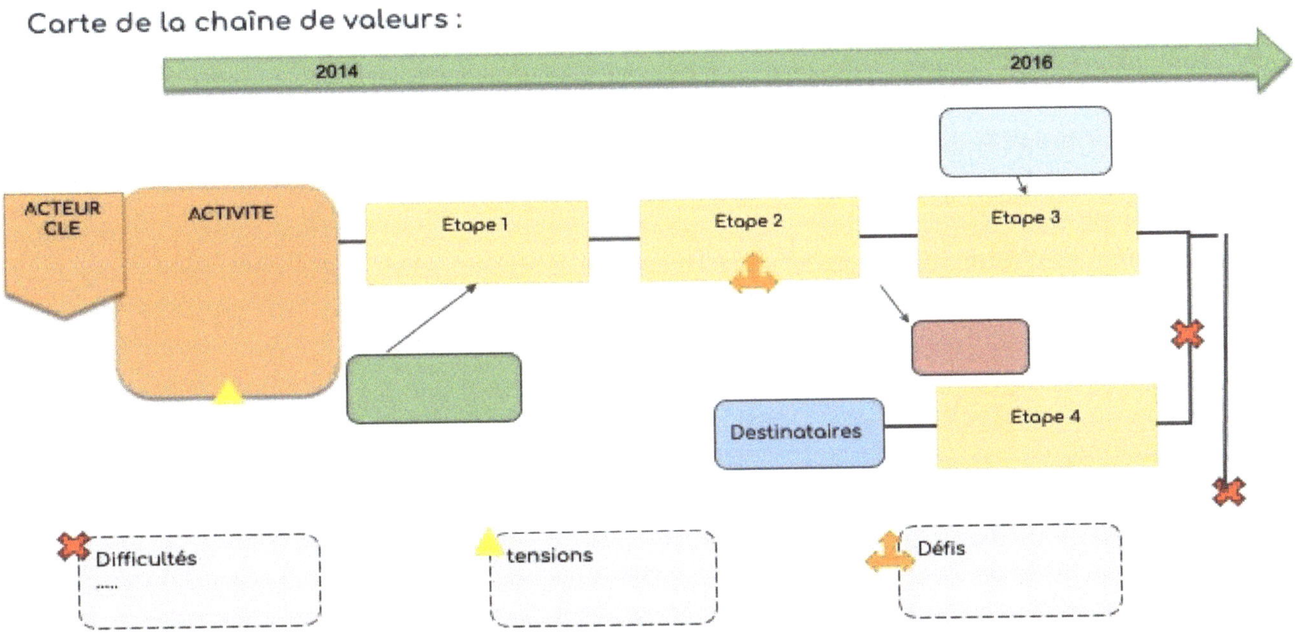

Conseils de visualisation

- Ajoutez en haut de la chaîne de valeurs, une ligne de temps. Cette ligne peut être compactée et étirée pour s'adapter au déroulement du processus et aux segments. Si vous avez établi un code de couleur selon la catégorie d'acteurs dans la carte de parties prenantes, vous pouvez reprendre les mêmes couleurs dans cette carte.

- Numérotez les différents segments pour faciliter la référence dans les notes. Comme pour la carte de parties prenantes, le type de trait peut indiquer l'intensité des interactions, des flux entre activités et acteurs
  - Interactions fortes, soutenues : ligne pleine, plus ou moins épaisse
  - Interactions périodiques : ligne hachurée

La continuité de l'implication d'un acteur peut être visualisée par la continuité de la ligne de sa participation dans les actions concernées.

- Identifiez les enjeux en termes de droits à l'éducation et autres droits culturels et de droits humains et visualisez leur niveau de maîtrise à l'aide de symboles :

Les difficultés et problèmes
Les tensions qui parfois peuvent dégénérer en conflits
Les défis

- Indiquez ces enjeux dans les espaces réservés et expliquez-les dans le commentaire. Celui-ci aidera à définir les stratégies et actions. Logiquement les points importants devront se retrouver dans le schéma des interconnexions.

1.1.3 Boucles d'indicateurs de connexions

Le schéma representant une boucle d'indicateurs de connexions vient compléter les deux cartes précédentes en tant qu'outil d'analyse. Puisque ce sont les interconnexions qui favorisent la richesse d'un système, il est capital de les évaluer. Les deux cartes et ce schéma constituent l'écosystème analysé.

Nous proposons six sortes de connexions qui se composent entre elles, formant une boucle d'*interconnexions** : cette boucle constitue le potentiel et la richesse d'une activité ou d'un dispositif. Il ne s'agit pas de valoriser n'importe quelle connexion, car certaines peuvent être intrusives (par abus de pouvoir, par exemple), mais d'identifier les connexions appropriées à la mission.

Ces indicateurs permettent de visualiser les connexions qui existent, ou non, et qui fonctionnent plus ou moins bien. Cette boucle d'indicateurs révèle les principales causes de réussite et d'échec, de valorisation ou au contraire de perte et de gaspillage.

Six connexions sont ici identifiées comme six frontières à réinterpréter sans cesse comme toute frontière : des lignes de distinction et non de démarcation, des lieux de passage, des lignes de connexion entre activités, reliant des acteurs (personnes individuelles et personnes travaillant en organisations ou institutions) et leurs domaines (*cf. figure 5 sur la page suivante : schéma des indicateurs de connexions*).

Cette boucle présente une plus grande parenté entre des indicateurs par couples : les interacteurs et les interdisciplines qu'ils apportent constituent la logique d'un développement inclusif (des personnes, de leurs organisations et des domaines). L'inclusion dans les territoires est à la fois saptio-temporelle. Enfin, l'inclusion des logiques économiques et sociales permet une juste insertion dans la société : la structure éducative et la société qui l'enveloppe se trouvent dans une relation d'apprentissage mutuel *(cf. figure 6 sur la page suivante : présentation des indicateurs deux par deux*).

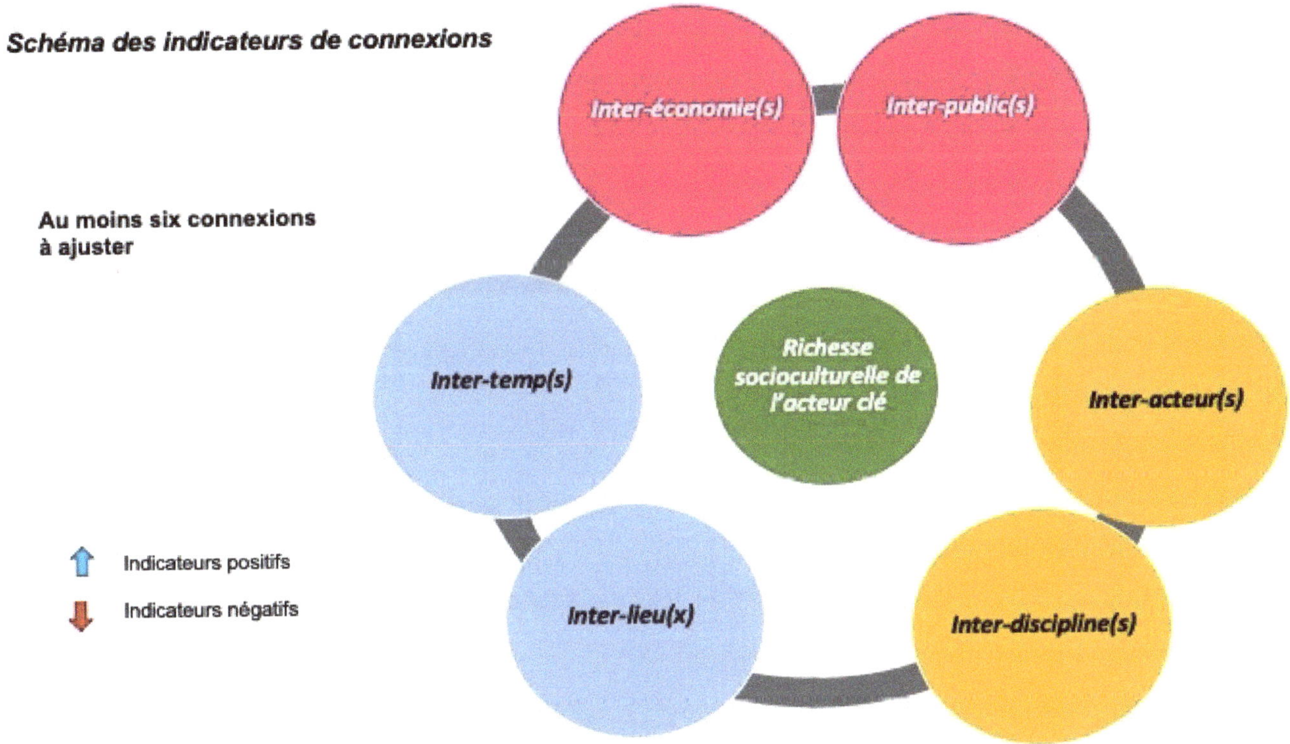

Figure 5 : schéma des indicateurs de connexions

Un *développement inclusif* des personnes, de leurs organisations et des domaines avec leurs disciplines	**Dynamique de base**	**Inter-acteur (s)** **Inter-discipline (s)**
dans des espaces-temps à géométrie variable	**Inscription dans un espace-temps complexe**	**Inter-lieu (x)** **Inter-temps**
et des logiques socio-économiques	**Installation dans un milieu**	**Inter-économie (s)** **Inter-public (s)**

Figure 6: présentation des indicateurs deux par deux

Il ne s'agit pas d'une nouvelle liste à cocher, mais ce sont des liens dont l'équilibre est à évaluer et à adapter de façon permanente par les acteurs eux-mêmes. En effet, chaque connexion fonctionne au mieux quand elle trouve son **équilibre** entre deux valeurs opposées, toutes deux nécessaires. C'est pourquoi chaque indicateur oscille entre singulier et pluriel : il convient en effet de réaliser à la fois une cohérence appropriée (singulier) et une spécificité de chaque composant (pluriel). Par exemple une temporalité appropriée réalise une connexion entre les divers temps, et ainsi de suite. Un compromis n'est en général pas satisfaisant, chaque valeur a une logique qu'il convient de comprendre, de respecter et de développer. Le compromis est souvent aveugle *(Tableau 1 : des indicateurs et des couples de valeurs en équilibre).*

Indicateurs	Exemples de valeurs opposées en équilibre
Les interconnexions de base	
Inter-discipline(s): les domaines, ou disciplines, culturels se répondent et se fécondent mutuellement	• Apprentissage précis de chaque discipline et de chaque métier • Mise en avant de l'unité du savoir • Complémentarité des disciplines et des métiers pour les études et les réalisations à dimensions multiples
Inter-acteur(s): synergie entre tous les acteurs qui sont parties prenantes à l'activité	• Spécificité de chaque acteur et de chaque métier • Responsabilité commune • Synergie adaptée dans chaque situation
L'inscription dans l'espace – temps	
Inter-lieux: Chaque lieu a son intelligence, *Toute activité culturelle est rencontre. Chaque lieu mérite d'être visité*	• Spécificité de chaque lieu : chaque activité est à l'aise dans son lieu • Lieux multifonctionnels : ouverture des lieux ; Il est important de déplacer l'activité dans d'autres lieux (l'école dans la nature et la nature dans l'école ; un artiste à l'école et l'école dans son atelier…)
Inter-temps: Le travail cumule les temps, il les croise et les féconde mutuellement	• Prise en compte de toutes les échelles temporelles, chaque temps a sa valeur: le temps court, l'événement, la fête, le temps long, celui des apprenants, celui des structures • L'inter-temps : continuité entre le court et le long et comparaisons entre passé, présent et futur

Indicateurs	Exemples de valeurs opposées en équilibre
L'inscription dans un milieu économique, social et politique	
Inter-économie(s): *valorisation mutuelle des ressources, humaines et non humaines. Pour être durable et inclusive, une activité éducative doit trouver la cohérence économique entre ses diverses ressources*	• Évaluation des compétences des enseignants et des apprenants ; inventaire des équipements et des ressources structurelles • Adéquation dans chaque situation des ressources humaines, structurelles et matérielles des différents interacteurs
Inter-public(s): *favoriser les capacités de chacun, mais aussi la cohérence des groupes, communautés et de la société*	• Classes spécialisées (par niveau, langue, origine sociale, confession…) • Classes inclusives • Les limites inclusion / catégorisation sont gérées par toutes les parties prenantes dans le respect du principe de non-discrimination

Tableau 1 : des indicateurs et des couples de valeurs en équilibre

1.2 Propositions

Une observationparticipative ferme un boucle, car elle permet à chaque acteur de contribuer à l'inforomation de l'écosystème et d'améliorer ses propres interactions. C'est l'avantage fonctionnel, économique et éthique de la méthode. Mais, cet ideal, à la fois concret et exigeant est-il réaliste?
La crainte qu'une observation dynamique, participative et territorialisée soit beaucoup trop coûteuse en investissement est largement compensée par le fait :

- que seule une observation de ce type permet d'inventorier toutes les ressources au sens large présentes sur le territoire concerné,
- que seule une observation de ce type permet de débusquer gaspillages et effets de levier,
- qu'elle peut très bien être opérée par échantillonnages, dans la mesure où les relations entre les indicateurs peuvent être repérés et suivis dans des espaces-temps bien définis,
- qu'elle permet et autorise les personnes concernées au sein de leurs structures et organisations à participer et à profiter directement de l'élaboration et du partage de l'information de leur système, conformement à leur droit de participer à l'information, intiment lié au droit de participer à la formation.

Une méthode appropriée d'observation participative et systémique, coordonnant des données statistiques par capacité et des analyses de cas cartographiées et analysées à l'aide d'indicateurs d'interconnexion, permet de visualiser des causes et donc de formuler des recommandations - ou propositions documentées - en vue d'une amélioration des stratégies de mise en œuvre des droits concernés.

Ces recommandations peuvent être adressées :

- de façon générale à tous les interacteurs qui ont une coresponsabilité à l'égard de ce bien commun ;
- à différents groupes d'interacteurs en fonction de leurs coresponsabilités spécifiques.

II. APPLICATION

DANS DEUX COMMUNES DU BURKINA FASO, UNE URBAINE ET UNE RURALE

Le fil rouge de cette méthode est la recherche de l'intelligence des contrastes, c'est pourquoi la présente recherche s'est focalisée sur une commune urbaine et sur une commune rurale. Kombissiri et Doulougou ont été choisies pour des raisons pratiques de proximité géographique et de disponibilité des différentes ressources humaines.

L'application de la méthode dans ces deux communes suit les deux moments : 1. L'analyse des indicateurs « 4A » ; 2 Acceptablité.

2.1 Analyse des indicateurs « 4 A » des communes de Kombissiri et de Doulougou

Les statistiques au niveau de l'éducation sont très importantes dans les projections de plan de développement au niveau communal. En effet, outre le fait qu'elles fournissent une mesure de l'effectivité du droit à l'éducation, elles constituent un véritable instrument de pilotage qui implique tous les acteur(e)s concerné(e)s dans le travail d'observation afin de redresser rapidement les imperfections. Au Burkina Faso, le domaine de l'éducation en général et l'éducation non formelle en particulier a été transféré aux communes dans le cadre de la communalisation intégrale. Il est donc indispensable que les communes se dotent d'un tableau de bord de mesure de la progression de l'éducation. Une collecte d'information sur les « 4 A » a été diligentée par l'APENF en collaboration avec la fondation Chizzoleni de Bergame au niveau des communes de Kombissiri et de Doulougou. La collecte a concerné les cinq (5) sous ordres de l'éducation à savoir l'éducation non formelle, le préscolaire, le primaire, le post primaire et la formation professionnelle.

D'une manière générale, il existe très peu d'informations sur les indicateurs des « 4 A » au niveau des communes. Au niveau du préscolaire, du post primaire et de la formation professionnelle, les informations n'existent pratiquement pas. Seul le non formel et le primaire disposent de quelques informations. Pour les besoins du manuel, nous nous sommes donc contentés de ces deux (2) sous-secteurs. Selon les quatre (4) capacités, nous avons choisi un à deux indicateurs à commenter selon la disponibilité des informations comme suit :

- *Acceptabilité :* les indicateurs 1 et 2 à savoir respectivement l'existence des textes juridiques et la part du budget ;
- *Adaptabilité :* les indicateurs 1.1 et 3 à savoir respectivement le nombre moyen d'heures d'enseignement effectif par an dans l'éducation non formelle (au niveau de la CEB ou cas d'école) et ceux relatifs à la connaissance des résultats ;
- *Adéquation de la dotation* **:** l'indicateur 2 correspondant à la valeur ressource non humaine ;
- *Accessibilité :* l'indicateur 1 correspondant à la valeur non-discrimination.

2.1.1 Acceptabilité

Cette capacité mesure l'engagement au niveau national du droit à l'éducation et met en avant l'appropriation du droit et la participation comme valeurs. Elle met en exergue le respect des règles institutionnelles eu égard au droit à l'éducation, la mise en œuvre des politiques, la diversité des acteurs, leurs interventions et leurs interactions.

Au niveau de l'éducation non formelle et du primaire, les données qui doivent permettre de mesurer l'effectivité du droit à l'éducation ne sont pas toujours disponibles. Pourtant, les collectivités territoriales dans le cadre de la décentralisation ont reçu du MENAPLN la responsabilité de l'éducation de base. Les mairies de Kombissiri et de Doulougou affirment avoir connaissance des différents textes et ont même reçu des formations. En effet, elles ont bénéficié des formations sur la gouvernance locale de l'ENF organisée par le FONAENF en 2019 à Manga au profit des chargés d'éducation des mairies et sur le rôle des acteurs intervenant dans la gestion et le pilotage des activités de l'éducation non formelle organisée par la DPEPPNF du Bazèga au profit des Maires de la province en Octobre 2020. Ces deux rencontres ont présenté les textes juridiques portant sur l'ENF tels que le décret n°2014931/PRES/PM/MATD/MEBA/MASSN/MEF/MFPRE du 10 octobre 2014, portant modalités de transfert de compétences et de ressources de l'Etat aux communes dans les domaines du préscolaire, de l'enseignement primaire et de l'alphabétisation, l'arrêté n°2012 /001/MENA du 1er août 2012 portant création, attribution, composition et fonctionnement d'un cadre de concertation pour la promotion de l'éducation non formelle ainsi que l'arrêté N° 2010-15-MEBA portant cahier de charge des intervenants en ENF en son article 10 indique les conditions d'ouverture des centres, le décret N°2009-644 portant organisation de l'ENF. Au niveau du primaire, les deux communes disposent du protocole d'opération de transfert de compétences de l'Etat aux collectivités. On note également au niveau des deux communes l'inexistence d'un plan local de l'éducation prenant en compte l'ENF et le primaire. Au niveau d'une même région et dans des communes voisines, le niveau d'appropriation des textes est variable. Ceci pose un problème de droit et de légitimité.

En ce qui concerne les données portant sur le budget alloué à l'éducation non formelle par rapport au budget global du PCD, la part du financement de l'Etat transférés aux communes pour l'ENF, la part des financements des ONG, des fonds propres des communes, ces données ne sont pas disponibles au niveau des deux communes. Par contre, au niveau du primaire, 30% du budget annuel global du PCD sont affectés à l'éducation primaire au niveau de Doulougou et Kombissiri, et 29,16% du budget global annuel représente le montant transféré par l'Etat pour l'éducation primaire pour l'année 2021. En ce qui concerne les financements propres de la commune et la part de la contribution des ONG, ces taux ne sont pas connus. Toutefois, la commune de Doulougou estime que pour l'année 2021, sa propre contribution au financement de l'éducation primaire s'élève seulement à 2%.

Les communes ne disposent pas d'information sur l'existence de structures de concertation et de coordination des acteurs au niveau de l'ENF ainsi qu'un dispositif d'évaluation des politiques publiques.

On peut donc retenir que le droit à l'éducation est bien reconnu, mais l'appropriation des textes juridiques par les acteurs de mise en œuvre, les voies de recours pour l'application immédiate du droit à l'éducation en tant que droit réel demeure un souci. En tant que droit programmatique, la mesure de l'engagement pour rendre effectif le droit à l'éducation passe donc par l'examen de la prise en compte de toutes ses composantes dans la politique sectorielle de l'Etat et de ses partenaires *(tableaux 2 et 3).*

Tableau 2 : Indicateurs d'acceptabilité pour l'éducation non formelle à Kombissiri et à Doulougou

Valeurs	**Indicateurs**	**Kombissiri**		**Doulougou**		**Sources des données**
		Valeur	**Période**	**Valeur**	**Période**	
1/ Appropriation du droit Définition des valeurs et des objectifs, clarté et respect des règles institutionnelles eu égard au droit à l'éducation	a) Existence d'un texte juridique accordant une responsabilité aux communes dans le développement de l'éducation non formelle	OUI	2020	OUI	2021	Mairie
	b) Existence d'un plan local de développement de l'éducation non formelle intégré au PCD	OUI	2020	OUI	2020	Mairie
	c) Existe-t-il un mécanisme de prise en compte expresse des revendications des populations de base en matière d'éducation non formelle, voire des voies de recours pour l'application du droit	OUI	2019	OUI	2019	Mairie
2/ Participation à la définition et à la mise en œuvre des poli-	**2.1** Part du budget alloué à l'éducation non formelle par rapport au budget global du plan communal de développement	--	2019	—	2019	Mairie

tiques.	**2.2 a.** Part des financements de l'Etat transférés pour l'éducation de base	—	2019	—	2019	Mairie
Reconnaissance de la diversité des acteur(e)s, de la nécessité de leurs interventions et de leurs interactions	**2.2.b.** Part des financements des partenaires/ONG autre que l'Etat	—	2021	—	2021	Mairie DPEPPNF ONG
	2.2.c. Part des financements sur fonds propre de commune	—	2021	—	2021	Mairie
	2.3 Existence de structure fonctionnelle de concertation et de coordination des acteur(e)s	OUI	2018	OUI	2018	DPEPPNF
	2.4 Existence de dispositifs fonctionnels d'évaluation des politiques publiques en matière d'éducation non formelle	OUI	2017	OUI	2017	DPEPPNF

Tableau 3. Indicateurs d'acceptabilité pour l'éducation primaire à Kombissiri et à Doulougou

Valeur	**Indicateurs**	**Kombissiri**		**Doulougou**		**Sources des données**
		Valeur	**Période**	**Valeur**	**Période**	
1/ Appropriation du droit Définition des valeurs et des objectifs, clarté et respect des règles institutionnelles eu égard au droit à l'éducation	1/a) Existence d'un texte juridique accordant une responsabilité aux communes dans le développement de l'éducation primaire	OUI	2009	OUI	2009	Protocole d'opération de transfert de l'Etat aux collectivités
	1/b) Existence d'un plan local de développement de l'éducation au niveau du primaire intégré au PCD	NON	2009	NON	2009	Mairie
	1/c) Existence d'un mécanisme de prise en compte expresse des revendications des populations de base en matière d'éducation au niveau du primaire, voire de recours pour l'application du droit	NON	2009	—	2009	Mairie
2/ Participation à la définition et à la mise en œuvre des politiques. Reconnaissance de la diversité des acteur(e)s,	**2.1** Part du budget alloué au primaire par rapport au budget global du plan communal de développement	30%	2021	30%	2021	Mairie
	2.2 a. Part des financements de l'Etat transférés pour l'éducation au niveau du primaire	42,80%	2021	29,16%	2021	Mairie
	2.2.b. Part des financements des partenaires/ONG autre que l'Etat	ND	2021	ND	2021	Mairie

de la nécessité de leurs interventions et de leurs interactions	**2.2.c**. Part des financements sur fonds propre de la commune	ND	2021	2%	2021	Mairie
	2.3 Existence de structure fonctionnelle de concertation et de coordination des acteur(e)s au niveau du primaire	NON	2021	NON	2021	Mairie
	2.4 Existence de dispositifs fonctionnels d'évaluation des politiques publiques d'éducation au niveau du primaire	NON	2021	OUI	2021	Mairie
	2.5 Pourcentage d'écoles primaires avec une association de parents d'élèves ou un comité local de gestion actif.	100%	2020	100%	2021	DPEPPNF
	2.6 Pourcentage d'écoles primaires avec une association de mères d'élèves ou de femmes actives en lien avec l'école.	100%	2021	100%	2021	DPEPPNF

2.1.2 Adaptabilité

Le nombre moyen d'heures d'enseignement effectif par an dans l'éducation non formelle et au niveau du primaire n'a pas été renseigné ; les données n'étant pas disponible au niveau des deux communes. Pourtant, cet indicateur soulève un problème de fond qui est la capacité du système à offrir un plein service d'éducation et à le respecter. Les volumes horaires officiels permettant une offre éducative de qualité sont respectivement de 360 heures à 900 heures pour l'éducation non formelle et de1080 heures pour le primaire. Bien que les résultats ne soient pas disponibles, nous pouvons affirmer sans nous tromper que les horaires annuels effectifs que ce soit pour l'ENF ou le Primaire est très en deçà des prévisions. En effet au niveau de l'ENF, les 5 jours par semaine en raison de 5 heures par jour ne sont pas toujours respectés. Les enseignements/apprentissages commencent tardivement et sont arrêtés avant termes. C'est ce qui explique en partie le faible niveau des apprenants. Pour le primaire, bien que les cours commencent en octobre, les multiples rencontres pédagogiques des enseignants ainsi que les grèves sont autant de facteurs participant à la non atteinte du volume horaire prévu. Pour plus d'efficacité, les communes devraient réellement veiller au respect du volume horaire à travers le développement d'une stratégie qui permet l'engagement de tous les acteurs si vraiment l'éducation de qualité est prônée.

En ce concerne la connaissance des résultats, seuls les taux de déperdition de l'ENF, les taux d'abandon au primaire et les taux de réussite ont été renseignés. Nous remarquons des taux de déperdition faibles au niveau des deux communes (Kombissiri : 0,68% ; Doulougou : 2,07%). Il en est de même pour les taux d'abandon au primaire (Kombissiri : 1,75% ; Doulougou : 2%). Ces statistiques sont encourageant et les communes peuvent travailler à éliminer les déperditions et les abandons. Si les taux de de réussite au Certificat d'apprentissage de base ou Certificat d'alphabétisation sont excellents au niveau des deux communes (Kombissiri : 92.8% Doulougou : 94,5%), les taux de réussite aux examens du Certificat d'Etudes Primaires (CEP) sont moyen au niveau des deux communes (Kombissiri : 57,26% ; Doulougou : 48,15%).

Les taux d'alphabétisation pour la population âgée de 15 ans et plus n'étant pas ou n'ayant pas été scolarisée, les taux d'insertion au niveau de l'ENF et les taux d'achèvement du primaire (ensemble et désagrégé) ne sont pas disponible au niveau communal. Si ces indicateurs sont des indicateurs de performance, il serait souhaitable que des alternatives soient trouver pour solutionner à cela *(tableau 4)*.

Tableau 4. Indicateurs d'adaptabilité pour l'éducation non formelle et primaire à Kombissiri et à Doulougou

<table>
<tr><th rowspan="2">Indicateurs</th><th rowspan="2">Indicateurs</th><th colspan="2">Valeur</th><th rowspan="2">Période</th><th rowspan="2">Sources des données</th></tr>
<tr><th>Kombissiri</th><th>Doulougou</th></tr>
<tr><td colspan="6">Éducation non Formelle</td></tr>
<tr><td>1/ Engagement des acteur(e)s : apprenant(e)s, formateurs/trices et institutions
Capacité d'utilisation des crédits alloués ou degré de mobilisation des ressources existantes</td><td>1.1 Nombre moyen d'heures d'enseignement effectif par an dans l'éducation non formelle (au niveau de la CEB ou cas d'école)</td><td>ND</td><td>ND</td><td>2021</td><td>DPEPPNF/ Programmes d'ENF
360 H à 900H officiel</td></tr>
<tr><td rowspan="4">3/ Connaissance des résultats :
Efficacité interne et externe
Évolution
Résultats</td><td>3.1 Taux de déperdition</td><td>0,68%</td><td>2,07%</td><td>2020</td><td>DPEPPNF/ Programmes d'ENF</td></tr>
<tr><td>3.3 Taux d'alphabétisation pour la population âgée de 15 ans et plus n'étant pas ou n'ayant pas été scolarisée (au niveau national)</td><td>ND</td><td>ND</td><td></td><td>INSD</td></tr>
<tr><td>3.4 Taux de réussite au Certificat d'apprentissage de base, ou certificat d'alphabétisation</td><td>92,8%</td><td>94,5%</td><td>2020</td><td>DPEPPNF/ Programmes d'ENF</td></tr>
<tr><td>3.6 Taux d'insertion</td><td>ND</td><td>ND</td><td>ND</td><td>DPEPPNF/ Programmes d'ENF</td></tr>
</table>

Primaire					
1/ Engagement des acteur(e)s : apprenant(e)s, formateurs/trices et institutions	**1.1** Nombre moyen d'heures d'enseignement effectif par an dans l'école primaire (au niveau CEB ou cas d'école)	ND	ND	2020	DPEPPNF 1080h/an officiel
3/ Connaissance des résultats :	**3.1** Taux d'abandon au primaire dans la commune	1,75%	2%	2020	DPEPPNF
	3.4 Taux de réussite aux examens du Certificat d'Etudes Primaires (CEP)	57,26%	48,15%	2020	DPEPPNF
	3.5.a Taux d'achèvement du primaire (ensemble F+G)	ND	ND	2020	DPEPPNF
	3.5.b Taux d'achèvement du primaire chez les Filles	ND	ND	2020	DPEPPNF
	3.5.c Taux d'achèvement du primaire chez les garçons	ND	ND	2020	DPEPPNF

2.1.3 Adéquation des dotations

Les résultats relatifs taux d'équipement des centres d'alpha en eau, cantine et latrines fonctionnels sont de 100% au niveau des deux communes car selon la collecte tous les centres de la campagne ordinaire bénéficient des vivres de la mairie et les centres PRCJ bénéficient des vivres du FONAENF. Chaque centre a un point d'eau potable (forage, puits ou un canari rempli d'eau potable), mais tous n'ont pas de latrines. Ce qui veut dire que les 100% se rapporte à la présence d'eau, et de cantine. Au niveau du primaire, ces taux sont de (Kombissiri : 78,21%, Doulougou : 68,96%) ; cela montre que des efforts restent à faire afin de doter adéquatement ces écoles.

Quant aux pourcentages de centre d'alpha ou de salles de classe construit en matériaux définitifs et conforme aux normes, les résultats sont les suivants : 90,9% à Kombissiri et 50% à Doulougou pour l'ENF, et 100% à Doulougou et non déterminé à Kombissiri pour le primaire. Pour les centres d'alphabétisation, la plupart sont dans des bâtiments d'emprunt. Il est quand même étonnant que de tels résultats n'existent pas au niveau du primaire.

Le pourcentage de centre d'alpha et de salles de classe ayant l'équipement nécessaire (tableaux noirs, tables bancs, bureaux, avec ou sans armoire, placard ou malle, métiers, outils) est de 100% au niveau des deux communes aussi bien pour l'ENF que pour le primaire.

Le pourcentage des apprenant(e)s/élèves ayant les manuels de base est de 100% pour l'ENF. Au niveau du primaire, ce pourcentage est de 70% à Doulougou et non déterminé à Kombissiri. L'absence de telles informations pour le primaire au niveau de la commune de Kombissiri laisse présager des doutes.

Aucun centre n'a accès à une bibliothèque ou un centre de ressources ni à une structure d'accueil de la petite enfance. La mairie et la DPEPPNF disposent de bibliothèques à Kombissiri ville, mais elles ne sont pas fréquentées par les apprenants du non formel. Les raisons avancées sont le manque de documents en langues nationales dans ces sites. Aucune école aussi ne dispose d'une trousse de premiers secours.

En conclusion, on peut affirmer que la dotation n'est pas adéquate aussi bien au niveau de Kombissiri que de Doulougou que ce soit au niveau de l'ENF ou du Primaire *(tableau 5)*.

Tableau 5. Indicateurs de dotation adéquate pour l'éducation non formelle et primaire à Kombissiri et à Doulougou

Valeur	Indicateurs	Communes		Période	Sources des données
		Kombissiri	Doulougou		
		Education non Formelle			
2/ Ressources non humaines : **A/** financières: diversité durabilité conditionnalité **B**/ infrastructures bâtiments sécurisés équipement minimal environnement lettré, aménagé et sain matériel pédagogique	**2.1** Taux d'équipement des centres d'alpha en eau, cantine et latrines fonctionnel	100%	100%	2021	DPEPPNF/ Programmes d'ENF
	2.2 Pourcentage de centre d'alpha construit en matériaux définitifs et conforme aux normes	90,9%	50%	2021	DPEPPNF/ Programmes d'ENF
	2.3 Pourcentage de centre d'alpha ayant l'équipement nécessaire (tableaux noirs, tables bancs, bureaux, avec ou sans armoire, placard ou malle, métiers, outils)	100%	100%	2021	DPEPPNF/ Programmes d'ENF
	2.4 Pourcentage des apprenant(e)s ayant les manuels de base	100%	100%	2021	DPEPPNF/ Programmes d'ENF
	2.6 Pourcentage de centres d'alpha ayant accès à une bibliothèque ou un centre de ressources	0%	0%	2021	DPEPPNF/ Programmes d'ENF
	2.7 Pourcentage de centres d'alphabétisation ayant une structure d'accueil de la petite enfance	0%	0%	2021	DPEPPNF/ Programmes d'ENF

Primaire					
2/ Ressources non humaines : A/ Financières : B/ Infrastructures	**2.1** Taux d'équipement des écoles primaires en eau, cantine et latrines fonctionnel	78,21%	68,96%	2020	DPEPPNF
	2.2 Pourcentage de salles de classes construites en matériaux définitifs et conforme aux normes	ND	100%	2020	ND
	2.3 Pourcentage de salles de classes ayant l'équipement nécessaire	100%	100%	2020	DPEPPNF
	2.4 Pourcentage des élèves et des apprenant(e)s ayant les manuels de base	ND	70%	2020	Mairie (estimation)
	2.5 Pourcentage d'écoles primaires disposant d'une trousse de premiers secours	0%	0%	2020	DPEPPNF

2.1.4 Accessibilité

L'indicateur sur la valeur « Non-discrimination » mesuré par la proportion de femmes animatrices et formatrices dans les centres alpha et celle de femmes enseignantes au primaire est utilisé pour appréhender la capacité « Accessibilité ». Les résultats indiquent une proportion variable d'une commune à l'autre. Au niveau de l'ENF, la commune de Doulougou présente une faible proportion de femmes animatrices/formatrices (pour 12 centres ouverts dans la commune, 4 femmes sont des animatrices soit une proportion de 33,3%) contrairement à Kombissiri où le nombre de femmes est supérieur à celui des hommes (sur 33 animateurs, 19 sont des femmes soit 57,57%).

S'agissant du primaire, on note que l'effectif des femmes est supérieur à celui des hommes, 69,02% à Doulougou et 60,18% à Kombissiri. Les autres indicateurs : taux net de scolarisation des filles et des garçons, l'indice de parité fille-garçon, le pourcentage de la population scolarisable à plus de 3km d'une école primaire n'ont pas pu être renseigné. Il en est de même du taux d'accroissement annuel du nombre d'inscrits dans les centres d'alphabétisation.

On note une présence moyenne des femmes dans le primaire. Par contre, au niveau de l'ENF, cette présence est variable d'une commune à l'autre. Cela s'explique notamment par les contraintes que rencontrent les femmes en milieu rural (charge de travail, pesanteurs socio culturelles, etc.). Les enquêtes démontrent que l'investissement des femmes dans l'éducation a un impact positif sur l'alphabétisation des femmes *(tableau 6)*.

Tableau 6. Indicateurs d'accessibilité pour l'éducation non formelle et primaire à Kombissiri et à Doulougou

Valeurs	Indicateurs	Communes		Période	Sources des données
		Kombissiri	Doulougou		
Education non Formelle					
Non-discrimination Mesures de lutte et de soutien : à l'entrée à l'intérieur à l'extérieur	**1.1.1** Pourcentage de (femmes) formatrices dans les centres d'alphabétisation	57,5%	33,3%	2021	Opérateur DPEPPNF
	1.2.1 Taux d'accroissement annuel du nombre d'inscrits dans les centres d'alphabétisation (à calculer au niveau national)	ND	ND	2021	
Primaire					
Non-discrimination Mesures de lutte et de soutien : à l'entrée à l'intérieur à l'extérieur	**1.1.1** Pourcentage de femmes enseignantes du primaire	60,18%	69,02%	2020	Mairie
	Taux net de scolarisation des filles dans la commune	ND	ND	2020	Mairie
	Taux net de scolarisation des garçons dans la commune	ND	ND	2020	Mairie
	1.1.2 Indice de parité TNS fille /TNS garçon	ND	ND	2020	Mairie
	1.2.2 Pourcentage de la population scolarisable qui se trouve à + de 3 km d'une école primaire	ND	ND	2020	Mairie
	1.3.2 Part du coût moyen de l'éducation dans les dépenses totales annuelles des ménages (dans l'hypothèse d'une scolarisation de tous les enfants (à calculer au niveau national)	ND	ND	2020	Mairie

2.2 Analyse par cas des structures éducatives de Kombissiri et de Doulougou

A chaque structure éducative correspondent les cartes de parties prenantes, de processus ou chaîne de valeurs, le schéma de connexions, ainsi que leurs commentaires intégrant la description succincte du cas.

2.2.1 Ecole communale primaire de Kombissiri

A. Carte des parties prenantes

L'école communale primaire de Kombissiri, qui est l'acteur clé dans cet exemple, est un établissement d'enseignement général. Elle compte six classes représentant les six niveaux du cycle primaire de l'enseignement de base (du CP1 au CM2). Le nombre d'élèves est de 437 dont 243 filles et 194 Garçons. Dirigée par un directeur, cette école compte un personnel enseignant composé de six (6) femmes et de trois (3) hommes, soit un total de neuf (9) enseignants. Cette équipe est complétée par deux cuisinières et les membres du COGES, de l'APE et de l'AME, et l'ensemble constitue les collaborateurs directs de l'école communale primaire de Kombissiri.

En termes de Partenaires techniques et financiers (PTF), l'école communale primaire de Kombissiri en a quatre (4). Ce sont : l'Etat, la Mairie, l'Association Burkina Nassara et l'acteur culturel, le Bienvenu Théâtre de Bazèga (BTB). Ces PTF appuient l'école sur divers plans. Par exemple, la mairie et l'Etat burkinabè, qui sont les deux plus gros partenaires, réalisent les infrastructures et mettent à la disposition de l'école des enseignants qualifiés, des manuels et des vivres. L'Association Burkina Nassara qui est une association locale organise des journées de sensibilisation sur la santé au profit des élèves. Elle offre également des kits de récompense aux meilleurs élèves de l'école. Le Bienvenu Théâtre de Bazèga , une troupe théâtrale provinciale, offre des cours de danse, de poésie, d'art plastique, de conte, d'humour, de récital et offre aussi du matériel de musique aux élèves. Il organise des compétitions culturelles provinciales où les élèves des différentes écoles sont invités à participer. Le renforcement de la relation entre l'école communale primaire et le Bienvenu Théâtre de Bazèga pourrait aider à développer les talents culturels des élèves.

Deux (2) acteurs interviennent dans l'école en tant que producteurs de valeurs et de normes. Il s'agit de l'État à travers le ministère en charge de l'éducation nationale, de la Circonscription d'éducation de base (CEB) de Kombissiri et du *Bienvenu Théâtre du Bazèga*. Cependant, les porteurs des cultures traditionnelles et religieuses pourraient être aussi des producteurs de valeurs et de normes, d'où leur inscription dans le nuage sur la carte des parties prenantes. En effet, au vu du contexte sécuritaire du pays, ces derniers pourront contribuer à l'éducation des apprenants sur les thématiques du rejet de l'extrémisme violent et de la radicalisation et favoriser ainsi la paix.

Les élèves (arrivants) de l'école communale primaire viennent des villages de Séloghin, de Pissi et des quartiers environnants. L'école accueille également les enfants des fonctionnaires nouvellement affectés dans la ville de Kombissiri et les enfants des Personnes déplacées internes (PDI) du fait de la crise sécuritaire que traverse le Burkina Faso depuis 2015. Le Bienvenu Théâtre du Bazèga, en tant qu'acteur culturel, est aussi considéré comme fournisseur de service et d'équipement. Il en est de même de la mairie qui est un fournisseur d'équipement. Pour ce qui concerne les sortants, on en distingue deux groupes. Le premier groupe est composé des élèves qui quittent l'école communale primaire en cours de cycle pour rejoindre d'autres écoles (*destinations*) telles que l'école publique B de Kombissiri et l'école primaire privé la Grâce. Le deuxième groupe est celui des sortants en fin de cycle. Les élèves de ce deuxième groupe sont reçus par les établissements (*destinations terminales*) comme les lycées provincial et municipal de Kombissiri, et le collège privé Yennega. Dans cette école, toutes les destinations observées sont dirigées vers d'autres écoles.

L'école communale primaire a un seul cotraitant. Il s'agit de l'école primaire publique A de Kombissiri. Ces deux établissements collaborent dans le cadre de l'organisation des examens blancs. Elle a trois confrères que sont le BTB, l'église catholique qui organise ses examens blancs au sein de l'école et l'église protestante qui y organise ses camps de vacances.

(Figure 7 : Carte des parties prenantes de l'école communale de Kombissiri)

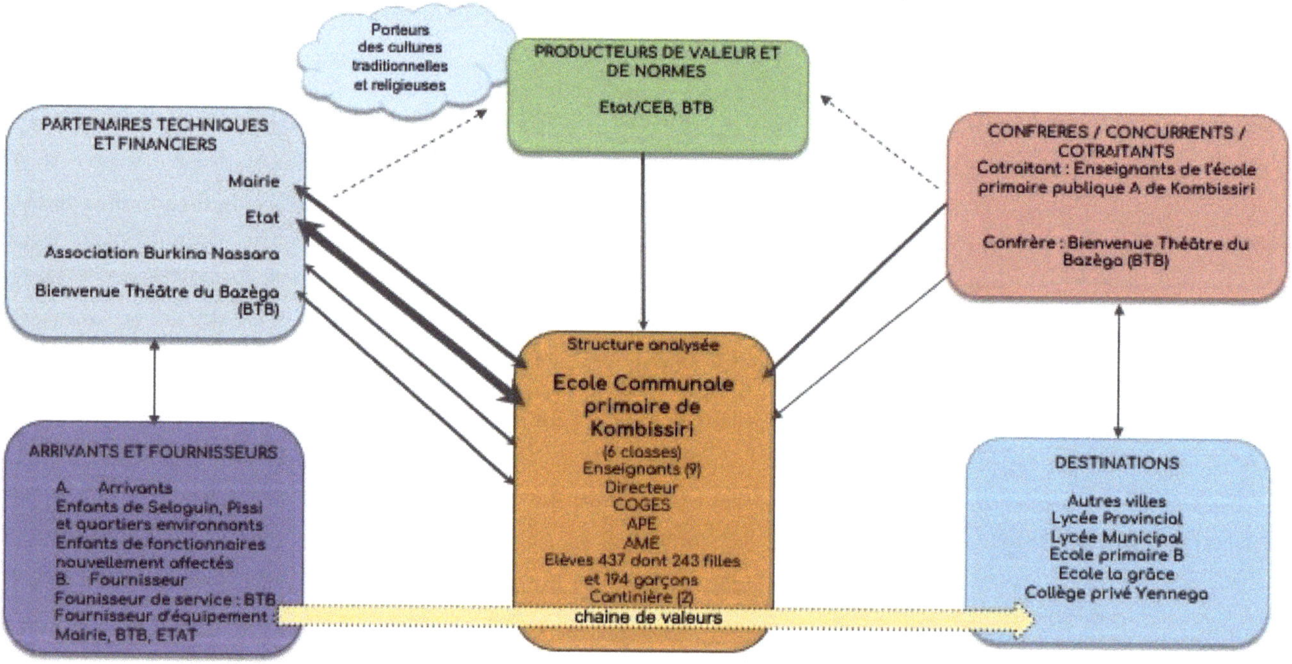

B. Carte de la chaîne des valeurs

L'école communale primaire de Kombissiri offre aux élèves des cours d'enseignement général sur un cycle de six (6) ans avec trois sous-cycles de deux (2) ans (cours préparatoire, cours élémentaire, cours moyen). L'analyse de la carte de chaine de valeurs indique que cette école offre un enseignement de qualité aux élèves. Par exemple, le taux d'acheminement de la promotion sortie en 2019-2020 est de 77,3%, soit 58 admis sur 78 élèves (75 recrutés en 2014 et 3 arrivants au cours du cycle au CM2). Les performances de l'école en termes de résultats scolaires l'ont hissée au rang des meilleurs établissements de la région du Centre-Sud. Ces résultats positifs sont le fruit d'une synergie d'action des différentes parties prenantes. Le Directeur de l'école et ses enseignants sont chargés de préparer et de dispenser les cours, d'évaluer les élèves et d'instaurer la discipline au sein de l'établissement. Avec l'appui financier de l'APE et de l'AME, les enseignants de l'école collaborent avec leurs collègues de l'école primaire publique A pour l'organisation des examens blancs. Les élèves, quant à eux, s'appliquent dans l'apprentissage des leçons et font les exercices donnés par les enseignants. Ils sont responsabilisés dans le maintien de la propreté de l'école (balayage des classes, nettoyage des toilettes et de la cour de l'école). Les partenaires techniques et financiers mobilisent pour leur part les fonds pour couvrir les besoins primaires de l'école en tables bancs, manuels et kits scolaires, et en vivres pour assurer la survie de la cantine.

Par ailleurs, les élèves de l'école communale primaire admis aux examens de certificat d'étude primaire (CEP) ont moins de difficulté à intégrer les collèges et lycées de la ville de Kombissiri. Tous les élèves admis de la promotion sortie en 2019-2020 ont été accueillis dans trois établissements de la ville : le lycée provincial, le lycée municipal et le collège privé Yennega. Cette facilité d'intégration des établissements post-primaires et secondaires de la ville est à mettre en lien avec la renommée provinciale et régionale de l'école communale primaire qui souhaite d'ailleurs maintenir son rang d'excellence dans la région.

L'analyse de la chaîne des valeurs relève également des cas d'insuffisances entravant le bon fonctionnement de l'école communale primaire. En effet, les effectifs sont pléthoriques dans les classes, en moyenne 72 élèves ; ce qui rend difficile l'application des méthodes pédagogiques élaborées en général pour des effectifs de 50 élèves par classe. Par ailleurs, l'insuffisance des ardoises géantes gêne la conduite correcte de certaines activités pédagogiques. En plus de ces difficultés, on note l'absence de point d'eau dans l'établissement, la faible collaboration entre les parents d'élèves et la troupe BTB, le faible suivi des élèves par les parents, le manque de recyclage pédagogique des enseignants, la faiblesse de l'archivage des informations sur les effectifs et la faible attention accordée à certains enfants en difficulté par les enseignants. Quelques tensions/conflits entravant le bon fonctionnement de l'école sont également notés. Il s'agit des bagarres entre élèves, des conflits entre les parents et le bureau APE autour du payement des cotisations, et des conflits entre les élèves et l'acteur culturel BTB.

(Figure 8 : Carte de la chaîne de valeurs de l'école communale primaire de Kombissiri)

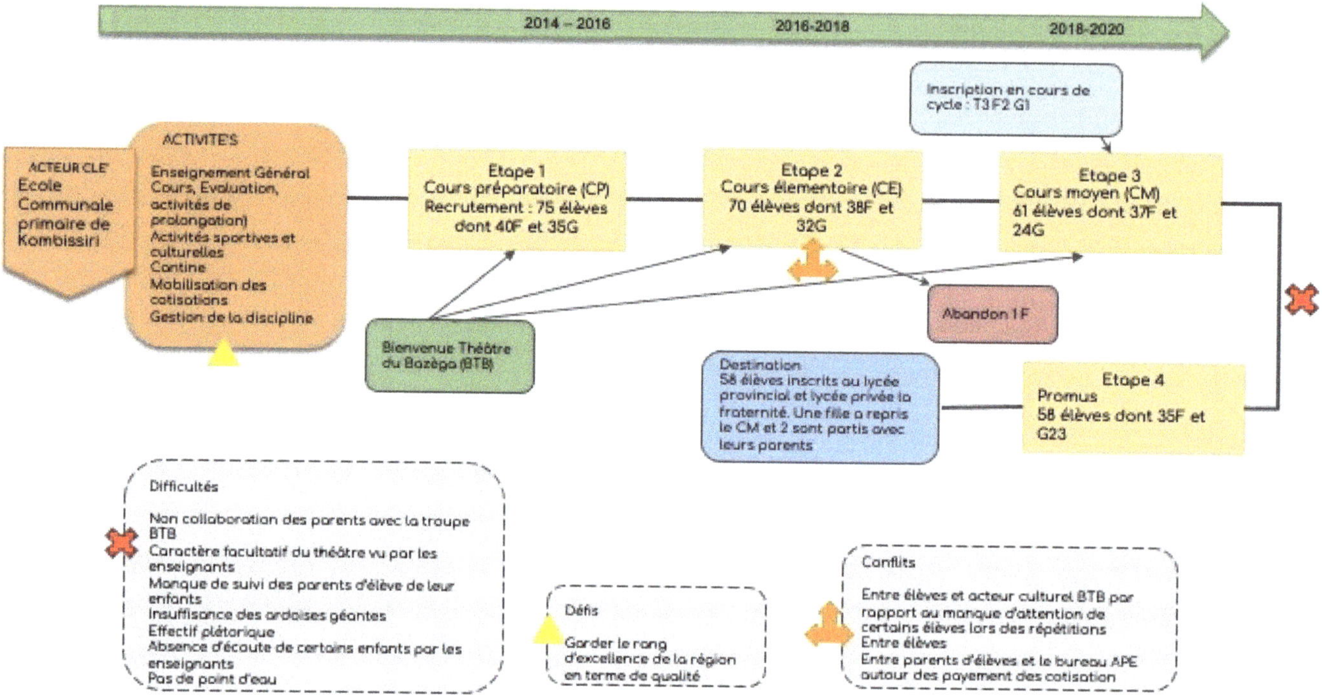

C. Schéma des interconnexions

L'analyse de la carte des indicateurs d'interconnexion permet d'observer l'existence d'une bonne dynamique de base (*inter-disciplines, inter-acteurs*). Les cours sont dispensés selon les normes pédagogiques édictées par le ministère en charge de l'éducation de base avec l'utilisation des nouvelles méthodes d'enseignement ASI/PDSI qui mettent l'enfant au centre de l'apprentissage, le tutorat et la pédagogie du groupe. Ces méthodes permettent aux enseignants de bien transmettre les connaissances et de favoriser la réussite des enfants. La montée hebdomadaire des couleurs favorise l'éveil citoyen des enfants.

A cela s'ajoute l'intervention des partenaires techniques et financiers qui permet de renforcer les acquis des élèves dans divers domaines (culture, assainissement...). Les collaborateurs directs de l'école (APE, AME) apportent leur soutien à travers la mobilisation de fonds pour la prise en charge des dépenses courantes de l'école, des frais de photocopie lors des examens blancs et le fonctionnement de la cantine. Un respect mutuel s'observe entre les différents acteurs de l'école (enseignants, parents, etc.). Toute cette dynamique de base est toutefois minée par quelques tentions/conflits entre acteurs alors que l'école ne dispose pas d'un cadre de gestion pacifique.

L'analyse permet d'observer également l'existence d'une dynamique inter-lieux et inter-temps. Bien que l'école ne dispose pas de point d'eau, les indicateurs inter-lieux montrent que l'environnement de l'école communale primaire est favorable à l'effectivité du droit des enfants à l'éducation. En effet, l'école est située au cœur de la ville de Kombissiri et est à proximité des centres de santé. L'école bénéficie d'une clôture qui garantit une protection immédiate des enfants vis-à-vis des usagers des voies publiques. Mais surtout, en plus de cette stabilité, la pratique de cours extra muros sur les distances et les métiers assure une connexion inter-lieux. Les élèves qui sortent en fin de cycle sont accueillis dans les établissements post-primaires de la ville de Kombissiri. Toutefois, ces élèves ont moins de choix en termes de filières car il n'existe pas d'établissements techniques dans la ville de Kombissiri.

Concernant les indicateurs inter-temps, on note que l'école qui aspirait à l'excellence dès son ouverture figure parmi les meilleures écoles de la province du Bazèga depuis des années. Elle a connu une évolution constante de ses effectifs. Aujourd'hui, les demandes de place sont nombreuses et cela constitue un problème car les effectifs sont pléthoriques et rendent difficile la formation des élèves. Malgré les difficultés liées aux effectifs pléthoriques, l'école communale primaire souhaite se maintenir au rang de meilleurs établissements de la province du Bazèga.

En termes de dynamique *inter-économies et inter-publics*, on note les efforts importants des différents acteurs pour le fonctionnement de la cantine, la construction des infrastructures et la prise en charge des dépenses courantes de l'école. Pour atteindre ses objectifs en termes de résultats scolaires, l'école communale primaire s'est dotée d'un plan d'action de collecte et de gestion des fonds. Elle valorise par ailleurs l'excellence en primant les meilleurs élèves.

Les recrutements se font sur la base de critères d'âge (7ans). L'école exclut toute forme de discriminations sauf le cas des élèves à besoins spécifiques faute de moyens pour y répondre (handicapés visuels, sourds-muets, etc.). Le mode de recrutement est le même depuis l'ouverture de l'école jusqu'à nos jours. L'école reçoit des enfants venant de divers horizons et milieux culturels

(Figure 9 : Schéma des indicateurs d'interconnexions de l'école communale de Kombissiri).

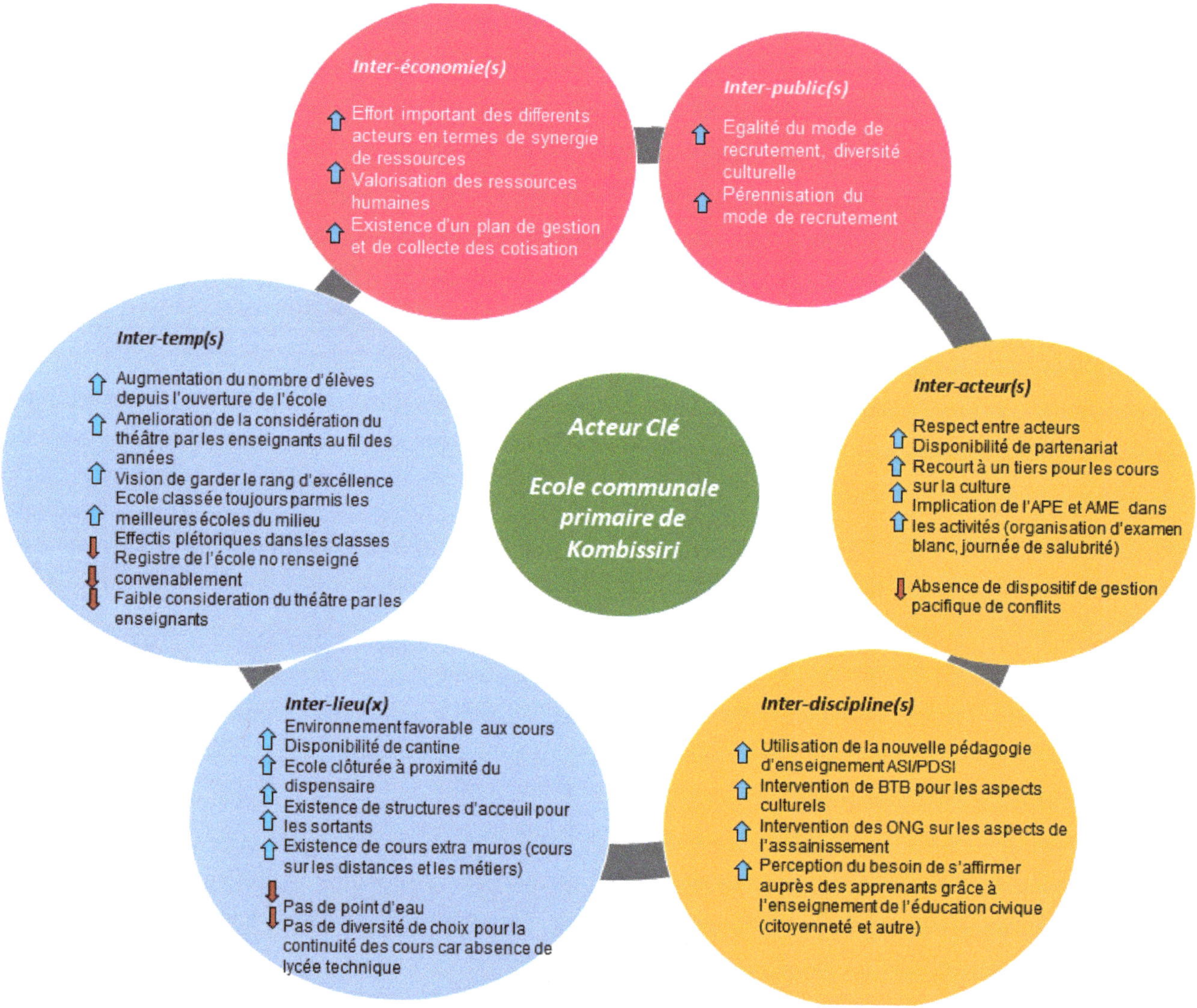

Indicateur positif

Indicateur négatif

2.2.2 École primaire publique de Sampogretenga

A. Carte des parties prenantes

L'analyse de la carte des parties prenantes montre que l'école de Sampogretenga est une structure composée de 6 classes et compte 8 enseignants dont 2 femmes. Les enseignants utilisent diverses initiatives pour faire passer leur message comme les travaux de groupes, des examens blancs pour tester le niveau des élèves, il y a également l'encouragement des plus faibles en termes de conseils. De bonne pratiques comme l'apprentissage des élèves à la culture du milieu et des activités sportives sont prévues dans l'emploi du temps pour permettre aux enfants de se récréer. Les autres acteurs internes de l'école (les collaborateurs directs), l'APE, l'AME s'occupent de la gestion de la cantine avec l'aide du directeur. Les mères éducatrices (AME) se chargent de la cuisine de façon rotative, de la cotisation de 200f pour le fonctionnement du COGES. L'APE contribue avec des vivres complémentaires et souvent des AGR (Activités Génératrices de Revenus) pour permettre de renflouer la caisse au niveau du COGES. Cet état de fait lui confère aussi l'attribut d'être un fournisseur de biens et d'équipement. La question de l'hygiène des toilettes est gérée par les élèves. Le nettoyage de la cour de l'école à la rentrée scolaire est géré par l'APE. Il y a également la collaboration entre enseignants et parents d'élève pour permettre le suivi. Les enseignants de l'école se sentent abandonnés par l'État du fait qu'il n'y a pas d'encadrement ni de motivation.

L'école compte 231 élèves au moment du passage des enquêteurs dont 111 filles et 120 garçons. Ces derniers proviennent en majorité du préscolaire de Doulougou et de Sampogretenga. Notons que des fonctionnaires résidents dans le village y inscrivent aussi leurs enfants.

Plusieurs autres acteurs interviennent dans cette structure.

- Les partenaires techniques et financiers en l'occurrence la mairie, l'association Wend-Songda, la Fondation pour le Développement Communautaire (FDC) et Born Fonden, et (Plan International Burkina) qui parrainaient quelques élèves de l'école et l'ONG Kamzounoogo et SIK Bazèga. Malheureusement, Kamzounoogo (ONG nationale) et Born Fonden qui respectivement contribuaient en termes de matériel didactique et de parrainage des enfants semblent se retirer de l'école puisqu'au cours de cette dernière année l'école ne sent plus leur présence et surtout depuis la fusion entre l'ONG Born Fonden et Plan international. La mairie contribue avec les matériels didactiques et la cantine. L'association Wend-Panga (Association nationale) venant de Ouagadougou quant à elle, intervient au nom de certains ressortissants de Sampogretenga en matière de récompense des meilleurs élèves lors des fêtes de fin d'année.
- Les producteurs de valeurs et de normes s'identifient à la DPEPPNF à travers la CEB. Les porteurs des cultures traditionnelles et religieuses pourraient être aussi des producteurs de normes, d'où leur inscrip-

tion dans le nuage sur la carte des parties prenantes. En effet, au vu du contexte sécuritaire du pays, ces derniers pourront faire un travail d'anticipation pour éviter aux apprenants de basculer vers l'extrémisme violent et la radicalisation.

- Les cotraitants de l'école primaire de Sampogretenga sont les écoles primaires de Seloguin, de Doulougou A et B. Ces derniers collaborent dans l'organisation des examens blancs.
- Les destinataires : la destination des élèves après l'examen du CEP sont : le CEG de Doulougou, le lycée Wend Panga, le lycée de Doulougou ou les établissements d'autres villes du Burkina. Certains aussi décident d'apprendre les métiers de façon informelle auprès des artisans/spécialistes de la place.

Figure 10 : Carte des parties prenantes de l'école communale primaire de Sampogretenga)

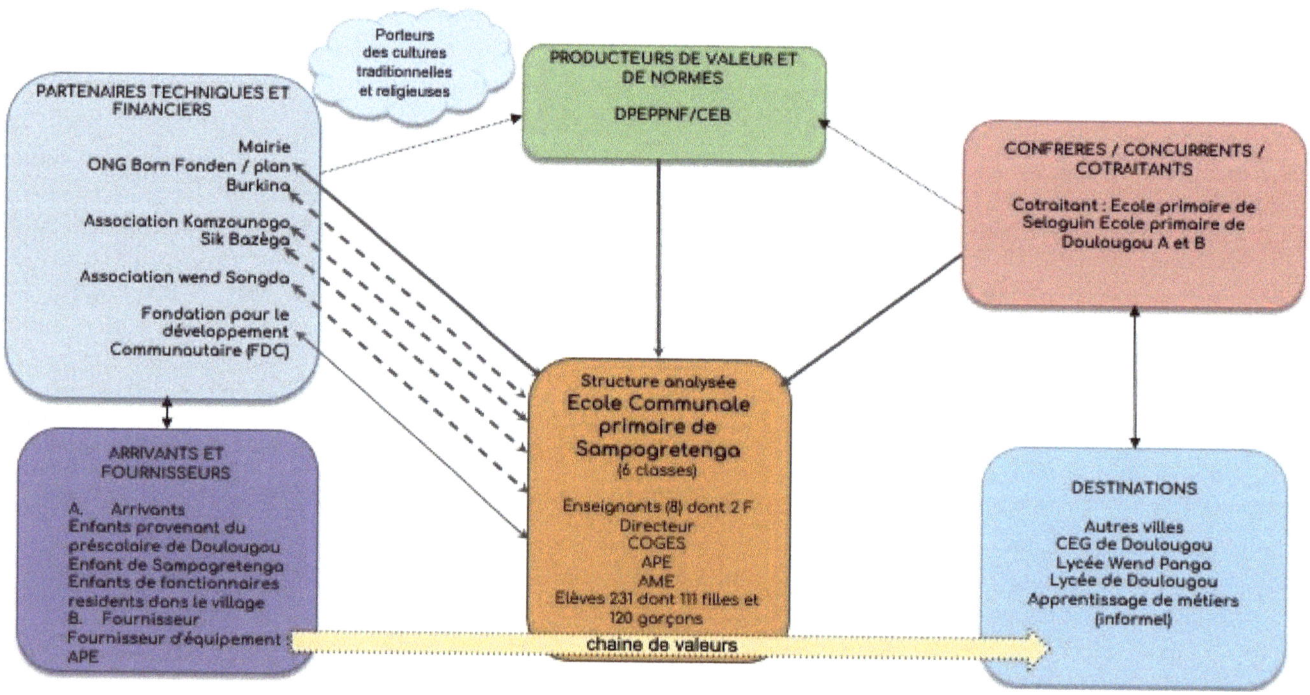

B. Carte de la chaîne des valeurs

La chaîne des valeurs de l'école primaire de Sampogretenga montre que les inscrits de la dernière promotion (2014-2020) au CP étaient de 43 élèves dont 20F et 23 garçons. Au CE, ils étaient au nombre de 39 dont 21 filles et 18 garçons ; les 4 ayant redoublé le CP. Au CM, il y a eu deux inscrits en cours de ce cycle ramenant l'effectif à 41 élèves dont 22 filles et19 garçons. 31 élèves ont réussi à l'examen du CEP, soit un taux de réussite de 72% par rapport à l'effectif de départ.

Les difficultés de l'école sont de divers ordres entre autres la cantine non effective durant toute l'année scolaire, le non-encadrement des élèves à la maison par la plupart des parents, le mauvais remplissage des registres, l'insuffisance de matériel didactique et le non-respect du règlement intérieur par certains enfants.

Par rapport aux tentions/conflits, nous notons les querelles entre élèves, le conflit entre parents d'élèves et enseignants, ainsi que le conflit latent entre enseignants, l'APE et le COGES à propos de la gestion des arbres fruitiers qui sont dans le domaine de l'école.

En termes de défis, l'école pense qu'il faut travailler à ce qu'il y ait une formation continue des enseignants et l'acquisition des fournitures scolaires à temps ainsi que la continuité de la cantine.

(Figure 11 : Carte de la chaîne de valeurs de l'école communale primaire de Sampogretenga)

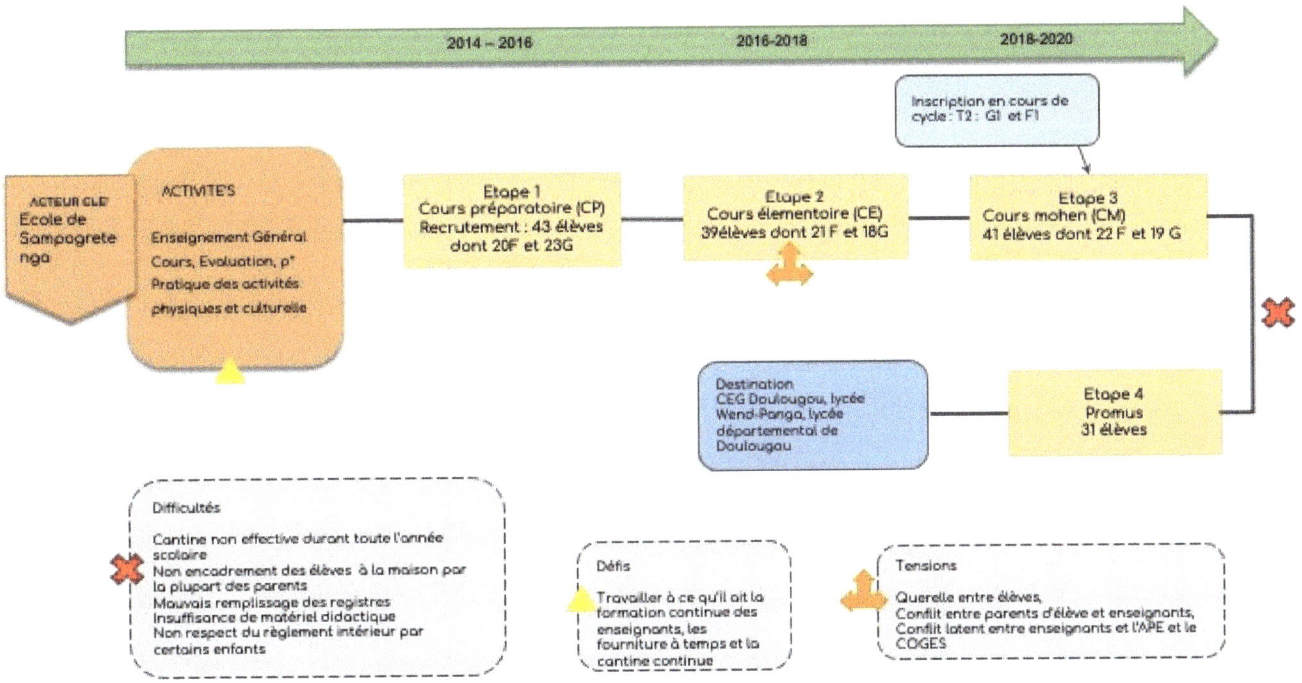

C. Schéma des interconnexions

La dynamique de base d'inter-disciplines et d'inter-acteurs existe dans cette école. L'analyse montre que les programmes des cours sont faits en fonction du niveau des élèves. Par exemple, le programme destiné au cours préparatoire est différent de celui qui est destiné au cours élémentaire et moyen. Certaines matières sont placées stratégiquement dans l'emploi du temps pour permettre aux élèves de se mieux se concentrer et d'assimiler plus facilement. Par exemple, les leçons de calcul viennent après la récréation. La question de complémentarité des disciplines est de mise. Le rôle des médias est aussi important car ils permettent aux enfants d'être éveillés sur le monde ; les activités culturelles donnent aux enfants la possibilité d'être dégourdis, favorisant leur apprentissage et leur éveil. L'école ne fait pas appel à d'autres acteurs pour le renforcement des connaissances des élèves, à savoir les acteurs culturels qui organisent des compétitions culturelles avec les écoles environnantes dans le sens d'éveiller les enfants. Cependant force est de reconnaitre que les évènements sociaux et le manque de financements empiètent sur les activités culturelles de l'établissement. Néanmoins disons que la collaboration entre les différents acteurs est en principe parfaite mais il arrive qu'il n'y ait pas une forte mobilisation lors de certaines activités.

En termes d'analyse inter-temps et inter-lieux, il ressort que tous les cours ne sont pas dispensés en classe. Certains cours sur la végétation, le relief, sur les animaux se déroulent en dehors de la classe. L'école n'est pas très éloignée des concessions et elle n'est pas normalement fonctionnelle parce que jusqu'à notre passage, la cantine n'avait pas encore débuté. Le domaine scolaire n'est pas clôturé et l'école est loin du centre de santé. En termes d'inscription dans le temps, la vision de l'école était de former les élèves et cette vision reste la même, même s'il y'a un certain relâchement dans la question éducative. Les expériences du passé continuent d'être capitalisées pour la bonne marche de l'école.

L'école primaire de Sampogretenga est située dans un environnement inter économique et inter public. En effet, les efforts consentis par les différents acteurs sont bénéfiques pour la société du fait que les enfants qui ne savaient ni lire et écrire, ni s'exprimer savent le faire maintenant. Ils deviennent des personnes ressources pour la communauté. En termes de valorisation des ressources humaines, les enseignants ne bénéficient plus depuis un certain nombre d'années de formation continue et de séance de recyclage. Les ressources matérielles sont gérées de façon rationnelle et efficiente. Les conditions d'accessibilité à l'école sont faites de façon égalitaire. Toutes les couches sociales ont accès à l'école. Le recrutement des élèves concerne les enfants de 6 ans et plus sans tenir compte de leur origine sociale, culturelle, ethnique et religieuse.

(Figure 12 : Schéma des indicateurs d'interconnexions de l'école communale primaire de Sampogretenga)

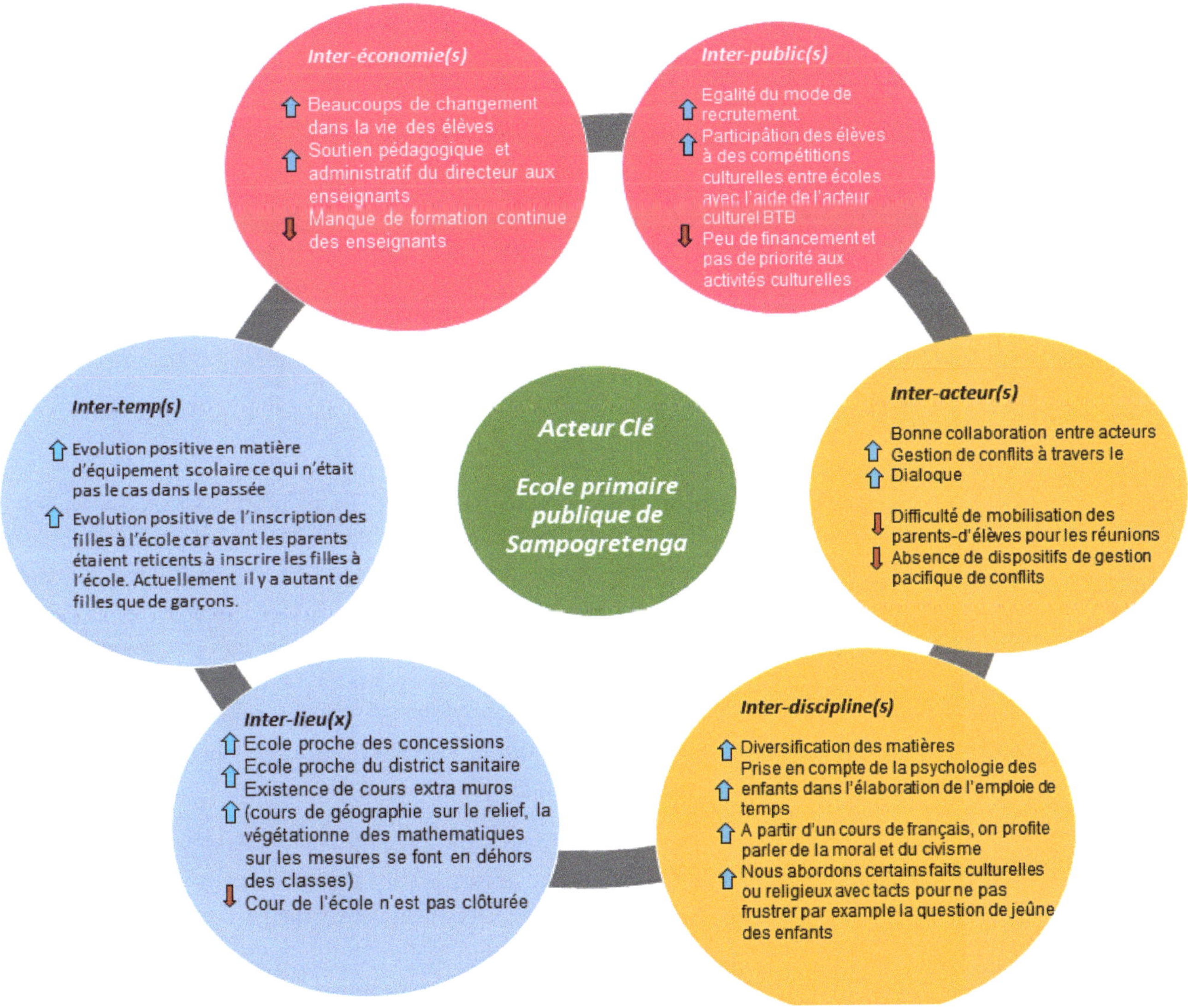

Indicateur positif ⇧

Indicateur négatif ⇩

2.2.3 Centre Reflect de Touanga

A. Carte des parties prenantes

Le centre d'alphabétisation Reflect est une alternative éducative pour permettre à des jeunes et adultes d'apprendre à lire et à écrire dans sa langue, de mettre en application les idées d'action consensuelle issues des apprentissages, et de recevoir des formations pour la réalisation des activités génératrices de revenus (AGR). Le cursus dure 3 ans avec des contenus standards pour l'apprentissage des connaissances instrumentales, mais aussi des contenus spécifiques élaborés à l'issue du diagnostic de base dans le village d'implantation de chaque centre. Le centre de Toanga est mis en place par l'opérateur en alphabétisation, association des femmes laïques de Saponé (AFLS) avec le financement du fonds pour l'alphabétisation et l'éducation non formelle (FONAENF).

Le centre Reflect de Toanga est l'acteur clé de la structure éducative. Ses composantes sont : les apprenants, le facilitateur, le superviseur, le coordonnateur et le COGES. Il n'y a pas de directeur mais le centre est géré par l'opérateur AFLS.

Les partenaires techniques et financiers sont : la DPEPPNF, le FONAENF, l'ONG Plan Burkina, la Mairie de Kombissiri, le Chef coutumier, le Conseil villageois de développement, le conseiller du village de Toanga. La DPEPPNF assure le suivi et l'évaluation, la certification des apprentissages. La Mairie, le Chef, le CVD et le conseiller assurent des appuis conseils pour le bon fonctionnement du centre. L'ONG plan Burkina et le FONAENF financent l'association AFLS qui met en œuvre les activités. Le centre est régi par des normes établies par l'APENF qui est le promoteur de la méthode Reflect avec la collaboration du responsable du service d'éducation non formelle. Les porteurs des cultures traditionnelles et religieuses pourraient aussi être des producteurs de normes, d'où leur inscription dans le nuage sur la carte des parties prenantes. En effet, ils sont un droit culturel et une des facettes de l'universel et de la méthode.

Pour ce qui concerne les arrivants, les apprenants viennent tous du village de Toanga dans ses différents quartiers tels que Nakomgo, Nabiigtenga et Gounguin. Pour eux, ils ne peuvent pas affirmer qu'ils ont des concurrents car ils ont été toujours récompensés en tant que meilleur centre d'alphabétisation.

En termes de destination, les apprenants deviennent des personnes ressources qui auront la chance d'occuper les postes politiques importants. Certains poursuivent en mettant en œuvre des Activités génératrices de revenus apprises dans les centres tandis que les autres réinvestissent leurs acquis dans des activités socio-économiques quotidiennes pour les améliorer. La méthode Reflect permet aux jeunes de rester dans leur village avec des compétences suffisantes pour s'auto employer. Ils acquièrent des compétences en médiation et en gestion de conflits grâce aux connaissances apprises dans le centre Reflect. D'autres optent pour continuer dans les centres d'apprentissage du français.

(Figure 13 : Carte des parties prenantes du centre Reflect de Touanga)

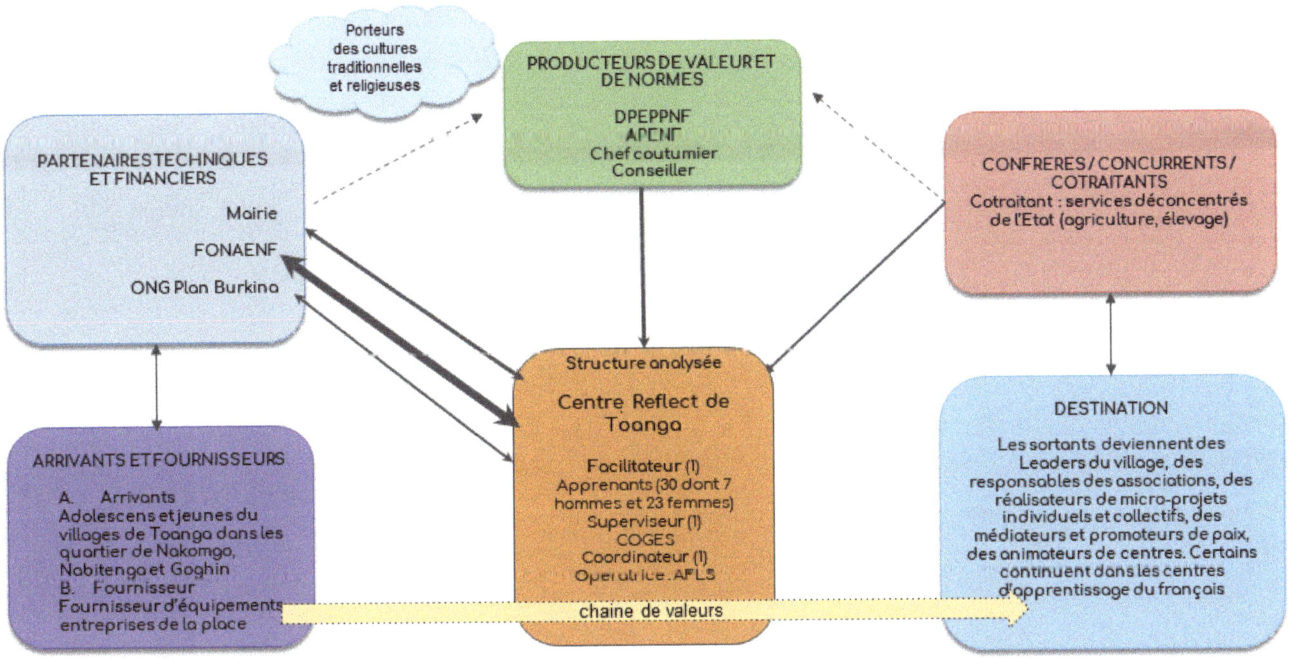

B. Carte de la chaîne des valeurs

L'analyse de la chaine de valeurs pour ce centre Reflect de Toanga nous laisse voir que la formation dure 3 ans. Pour la promotion de 2017-2018, le centre avait un effectif de 30 apprenants (23 femmes et 7 hommes) dont le nombre à recruter a été fixé par le FONAENF à travers le SENF (Service de l'Education Non Formelle). La 2ème année, l'effectif était de 30 apprenants, dont 28 femmes et 2 hommes : 5 hommes ont abandonné et 5 nouvelles personnes, en l'occurrence des femmes, ont fait leur entrée. En 3ème année, l'effectif était de 28 personnes dont 26 femmes et 2 hommes. Ici aussi, on note l'abandon de 2 femmes. Tous les 28 ont été déclarés alphabétisés.

Les raisons de ces abandons sont dues aux charges familiales et de santé. Dans le principe de fonctionnement de ce centre, l'effectif recruté en début du cycle est dans l'obligation de suivre la formation jusqu'à la fin sauf en cas de force majeure. Aucun recrutement ne se fait en cours de cycle.

Les apprenants, le facilitateur et les membres du CoGes constituent les acteurs clés du centre. Il est à noter que pour valoriser cette formation, l'opérateur en alphabétisation - l'association des femmes laïques de Saponé (AFLS) - pourrait explorer de nouvelles opportunités pour le financement des projets des apprenants.

Le centre pourrait avoir de meilleurs résultats s'il était doté en eau, cantine et latrines.

Remarque : les enquêteurs n'ont pas été en mesure d'établir un schéma des indicateurs pour le Centre Reflect de Touanga.

(Figure 14 : Carte de la chaîne de valeurs du centre Reflect de Touanga)

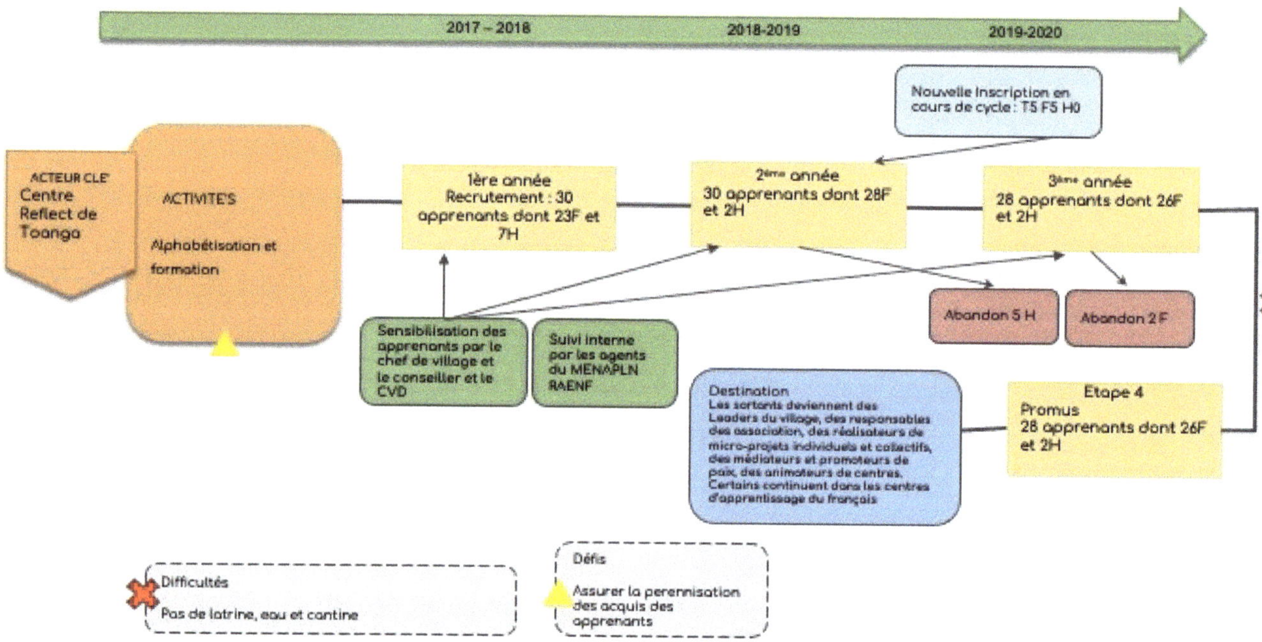

2.2.4 Bissongo de Doulougou

A. Carte des parties prenantes

Le préscolaire Bisongo est l'initiative de l'ONG Born Fonden (internationale) en 2015. Actuellement la structure a été confiée à la mairie car Born Fonden est partie. Notons également que le centre n'a pas de locaux propres, il se trouve dans l'ancien local de l'ancien point focal du projet ORGANIC qui n'est plus à Doulougou. L'equipe interne est composée de deux monitrices, des élèves et du COGES qui gèrent la cantine, procèdent au nettoyage de la cour à la rentrée, gèrent le matériel, utilisent les frais d'inscription des enfants pour assurer la cantine et tout autre besoin). Pour l'éveil des enfants, les encadreurs pratiquent des activités de vie qui consistent à apprendre aux enfants l'hygiène, le code de la route. Il y a également l'apprentissage des couleurs nationales qui permet d'inculquer le civisme. Les activités sportives et culturelles sont quasi inexistantes.

Le principal partenaire technique et financier du Bisongo est la Mairie (dotation en savons et paiement des salaires des monitrices).

La DPEPPNF à travers la CEB est le producteur de normes mais contribue aussi en matière de vivres et d'ardoises, de livres, coloriage, vivres, sucre. Les porteurs des cultures traditionnelles et religieuses pourraient être des producteurs de valeurs et de normes, d'où leur inscription dans le nuage sur la carte des parties prenantes. Leur rôle est d'autant plus importante dans le contexte sécuritaire que traverse ce pays afin d'être des porteurs de voix dans la lutte contre l'extrémisme violent et la radicalisation des jeunes.

En termes d'arrivants, les élèves du Bisongo proviennent de Doulougou et sont surtout les enfants des fonctionnaires résidents dans le village. Tout enfant sans distinction de sexe, d'ethnie et de religion ayant moins de 7 ans, même en situation de handicap, peut avoir accès au centre.

Il y a une parfaite collaboration entre tous les acteurs internes ainsi qu'avec une structure sœur d'un autre village comme co-traitant. En effet, dès la mise en place de la structure, les monitrices du centre sont entrées en contact avec celles de Gana pour obtenir des informations sur le mode de fonctionnement. Les bonnes pratiques de ce centre consistent à suivre les enfants et à soutenir moralement les monitrices dans leurs fonctions

(Figure 15 : Carte des parties prenantes du Bisongo de Doulougou)

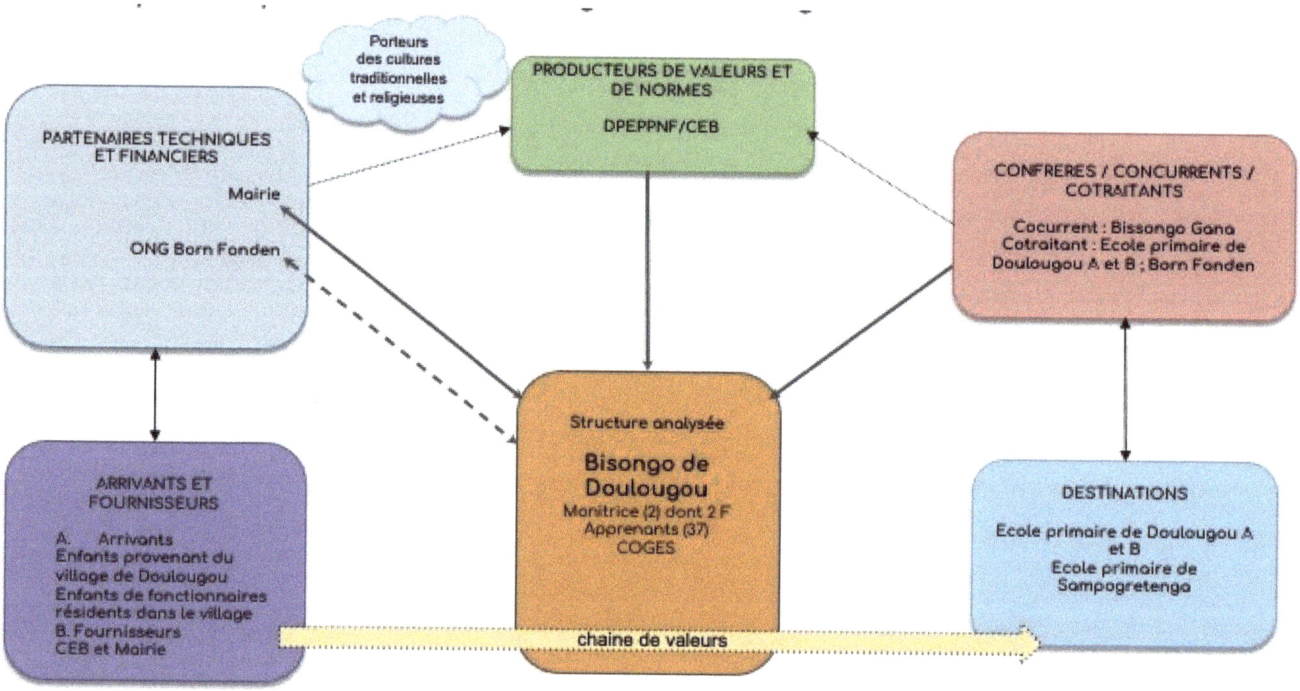

B. Carte de la chaîne des valeurs

L'analyse de la chaine des valeurs du préscolaire Bisongo de Doulougou montre que la section sortante était composée de 44 enfants à la petite et moyenne section. Cette promotion s'est retrouvée à la grande section avec un effectif de 37 enfants. La baisse du nombre d'enfants de la petite section à la grande s'explique par le retrait des enfants de certains fonctionnaires affectés ailleurs. Il n'y a pas eu d'inscription en cours de cycle dans cette promotion. Notons également que tous les enfants de cette section sont directement admis au CP1 car il n'y a pas de redoublement. Les enfants du préscolaire Bisongo sont favorisés par rapport à l'accès dans les établissements primaires de localité car ils trouvent que ces enfants sont plus éveillés par rapport à ceux qui viennent directement de la maison. La dynamique positive est que le préscolaire Bisongo a un véritable impact sur l'expression orale de certains enfants. Une telle situation a nécessité la collaboration entre le centre et les structures susceptibles de les accueillir. Cette collaboration a pour objectif de signer un partenariat avec les différentes structures afin de favoriser les enfants issus du centre lors des recrutements pour le CP1. Malheureusement, cette démarche n'a toujours pas porté de fruit.

Cependant, il faut noter que le centre rencontre beaucoup de difficultés, à savoir l'absence de point d'eau, de latrines et de trousseau médical, l'insuffisance de la cantine et le manque de visite des autorités locales. Le centre ne bénéficie pas d'assez d'accompagnement de la municipalité, qui pourtant est chargé de le faire. Par ailleurs les monitrices, depuis un certain temps, ne perçoivent pas régulièrement leur salaire ni de formations. Les monitrices s'inquiètent sur l'avenir du centre vu qu'elles ne sont pas encouragées. Il y a aussi l'absence d'archive pour les statistiques des enfants et surtout de locaux pour séparer les 3 sections.

Les tensions/conflits relevés au niveau de cette structure sont entre parents d'élève et le COGES en cas de renvoi d'élèves pour non-payement de la scolarité.

Il y a des défis à relever qui sont entre autres l'acquisition d'un local pour le centre, la dotation en matériels didactiques, la question de la cantine et de l'eau et la motivation financière des monitrices qui n'ont pratiquement rien reçu comme salaire cette année. Il y a également le fait qu'il n'y a plus de recyclage des monitrices depuis un certain nombre d'années. En d'autres termes, le défi principal est la pérennité du Bisongo ainsi que la prise en comptes des activités culturelles

(Figure 16 : Carte de la chaîne de valeurs du Bisongo de Doulougou).

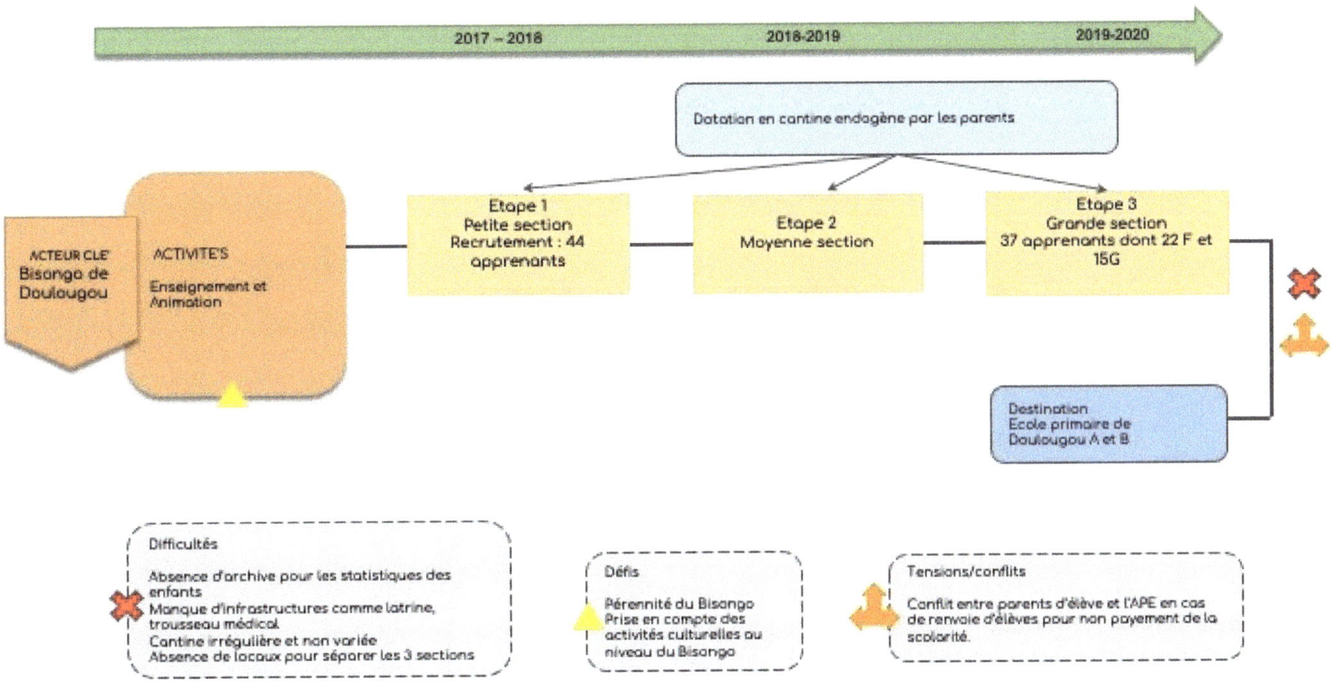

C. Schéma des interconnexions

Sur le plan de la dynamique entre l'inter-acteurs et l'inter discipline, il n'y a pas de connexions entre acteurs et disciplines parce qu'aucun autre acteur n'intervient dans le centre. Pour le programme des activités pédagogiques, les cours sont préenregistrés sur une clé USB que les monitrices utilisent pour les dispenser aux enfants. Les connaissances sur le développement local contribuent au développement des savoirs des apprenants parce que les monitrices racontent aux enfants l'origine de leur patronyme et la signification du nom de leur village. Il y a une bonne collaboration entre les différents acteurs du centre Bisongo parce qu'en cas de besoin des parents, ils se rendent disponibles pour accompagner le centre.

Le centre Bisongo est aussi inscrit dans un espace d'inter-temps et inter-lieux. Le centre dispose d'une clôture en grillage et d'une cantine. La distance entre le centre et les concessions n'est pas très éloignée. Cependant il n'a pas de point d'eau ni de centre médical ou de trousseau médical. En cas de problème de santé, soit le parent est appelé pour venir chercher son enfant, soit il est accompagné par l'une des monitrices si le lieu de travail du parent est connu. Certains cours comme le cours sur le code de la route sont dispensés en dehors de la classe précisément au bord de la route qui passe devant le centre. Le centre Bisongo existe depuis 6 ans mais les trois sections partagent la même salle. Au cours des 3 années passées, le centre a connu une mauvaise gestion, ce qui a fait baisser sa cote de popularité. La vision pour les 3 années à venir est optimiste : le centre pourra bien fonctionner et avoir des locaux.

Le Bisongo est également installé dans un milieu inter-public et inter-économies. En termes de dynamique inter-économies, les efforts consentis par les monitrices dans l'apprentissage des enfants est bénéfique pour la société et pour elles-mêmes. Les monitrices ne bénéficient pas de formations pour le renforcement de leurs capacités. Les ressources matérielles et financières sont gérées par la mairie et le COGES. Les inscriptions dans le centre s'élèvent à 4000 FCFA et sont faites sans distinctions d'origine, de sexe, de religion ou d'ethnie. Ce recrutement sans distinction favorise l'épanouissement et le brassage culturel des apprenants ainsi que leur capacité de réadaptation et d'intégration

(Figure 17 : Schéma des indicateurs d'interconnexions préscolaire du Bisongo de Doulougou).

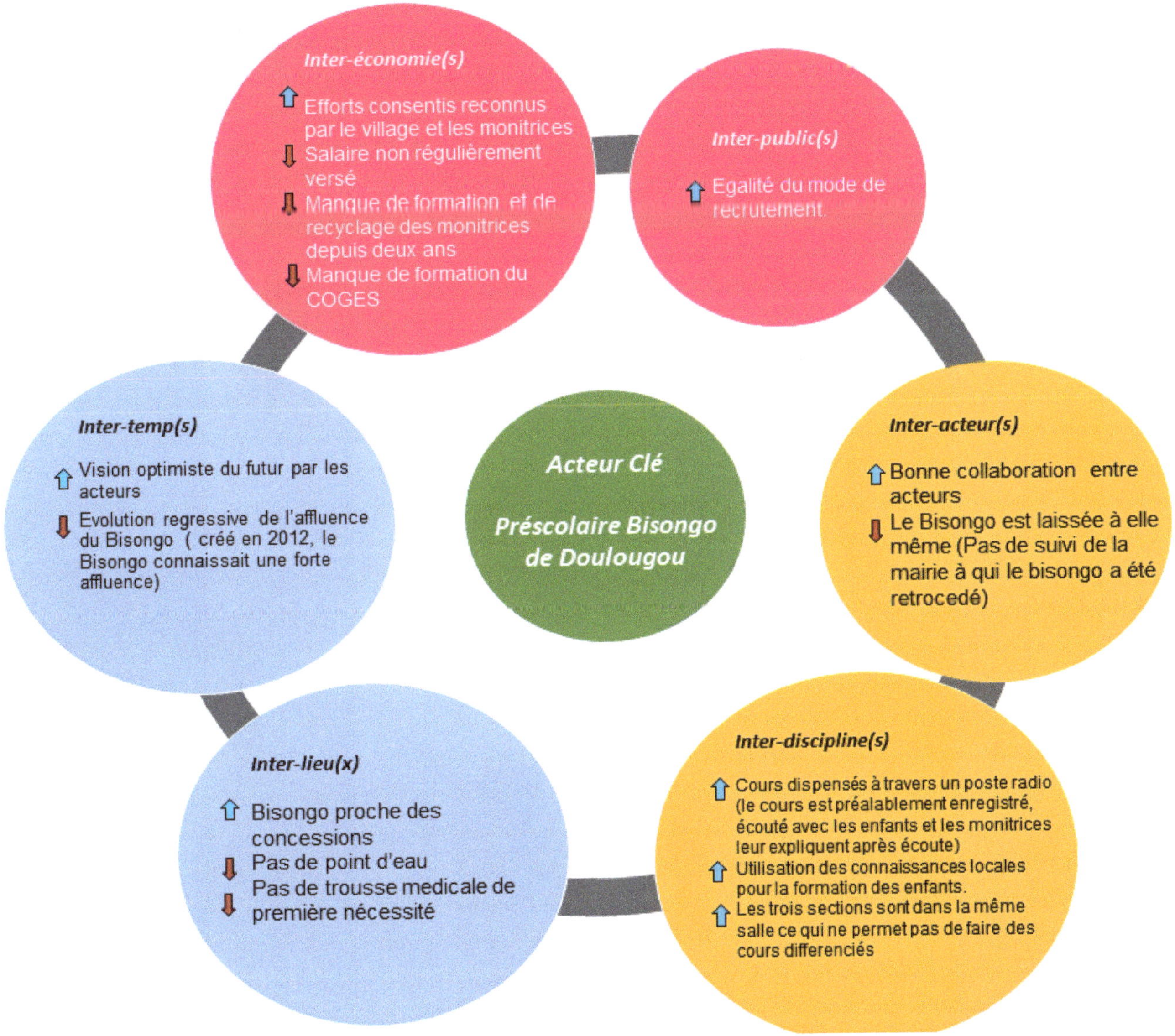

Indicateur positif

Indicateur négatif

2.2.5 École primaire privée la Grâce

A. Carte des parties prenantes

Localisée dans la ville de Kombissiri, la Grâce est une école privée primaire d'enseignement général. Elle compte trois acteurs - la directrice, les enseignants et les élèves - qui collaborent avec l'APE, le COGES, le fondateur de l'école et les cuisinières au sein de l'acteur-clé. L'école a pour PTF l'État/la mairie et le fondateur. Cette école dans son ambition d'occuper le rang d'excellence se retrouve en situation de concurrence avec l'école privée Manegba et les écoles adventistes A et B. L'école privée la Grâce est aussi cotraitante avec ces derniers et l'école communale de Kombissiri dans la mesure où elles organisent ensemble des examens blancs. L'école coranique est aussi considérée comme cotraitante car elle offre à plusieurs élèves le soir, au retour des cours scolaires, des enseignements coraniques.

(Figure 18 : parties prenantes de l'école primaire privée la Grâce).

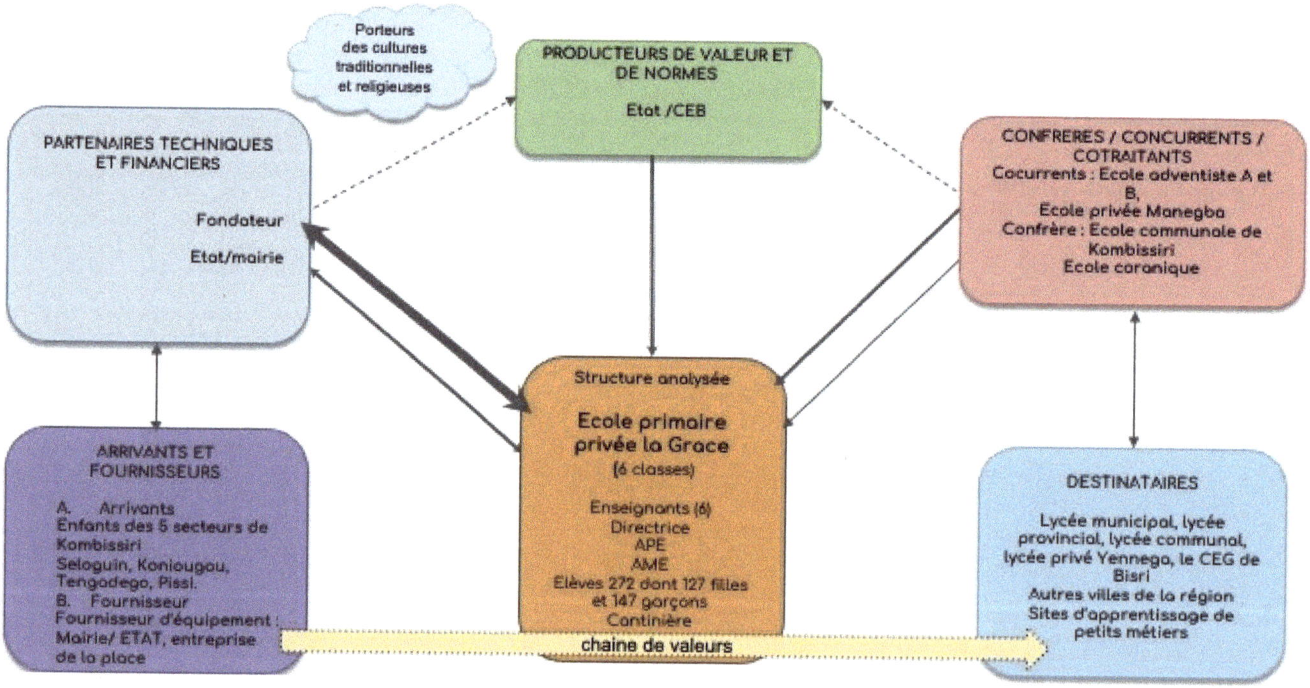

Ses élèves viennent des 5 secteurs de Kombissiri, des villages de : Séloguin, de Nagnimi, de Bogdin, de Kognougou, Tenganego, Pissi et Guiélé. En fin de cycle, les sortants ont pour destination : le lycée municipal et des écoles de d'autres villes de la région. Les élèves qui abandonnent l'école en cours de cycle se retrouvent généralement dans les écoles coraniques et les sites d'apprentissage de petits métiers.

La DPEPPNF à travers la CEB est le producteur de normes et de valeurs. Les porteurs des cultures traditionnelles et religieuses inscrits dans le nuage pourraient jouer un grand rôle dans l'instruction des élèves sur les questions de paix, d'extrémisme violent et de radicalisation

B. Carte de la chaine des valeurs

L'établissement offre de l'enseignement général avec un programme composé de cours, des évaluations, des pratiques de sport et de la journée culturelle. Cette école, d'un cycle à six niveaux, offre une formation de qualité aux enfants. Notons que l'effectif au recrutement pour la promotion (2014-2020) était de 37 élèves dont 20F et 17G ; au CE, le nombre total des élèves étaient de 40 élèves dont 17F et 23G. 3 inscriptions en cours de cycle ont été enregistrées. Au CM, l'effectif était de 47 élèves dont 24F et 20G avec 3 garçons qui ont abandonné pour aller sur les sites d'orpaillage ramenant ainsi l'effectif à 44 élèves qui ont passé l'examen du CEP. Les résultats du CEP ont donné un total de 37 élèves dont 17F et 20G soit un taux de réussite de 78% par rapport à l'effectif total du CM. Ce bon résultat est à l'actif des enseignants qui encouragent les élèves à bien travailler. Par ailleurs, l'école ne chasse pas les élèves qui ne sont pas à jour du paiement des frais de cotisation APE. Cela permet aux enfants de suivre tous les cours dispensés par les enseignants.

L'analyse de la chaine des valeurs relève aussi des cas jugés insatisfaisants. Il s'agit notamment de l'insuffisance des ressources financières dues au non-paiement des frais de scolarité par certains parents, le manque de point d'eau, l'absence de clôture, l'éloignement de l'école par rapport aux habitations des enfants, l'insuffisance de matériels didactiques et l'insuffisance de formation du personnel. L'école primaire la Grâce souffre également d'une insuffisance dans la gestion des archives comportant des données sur les différentes promotions. Quelques tensions/conflits entre élèves et enseignants qui ne veulent pas travailler et d'élèves de CM qui se disputent le droit d'usage des tableaux d'étude mis en place au sein de l'école par le fondateur, ont été signalés.

Le défi exprimé est celui de travailler à disposer d'un complexe scolaire.

(Figure 19 : Carte de la chaîne de valeurs de l'école primaire privée la Grâce).

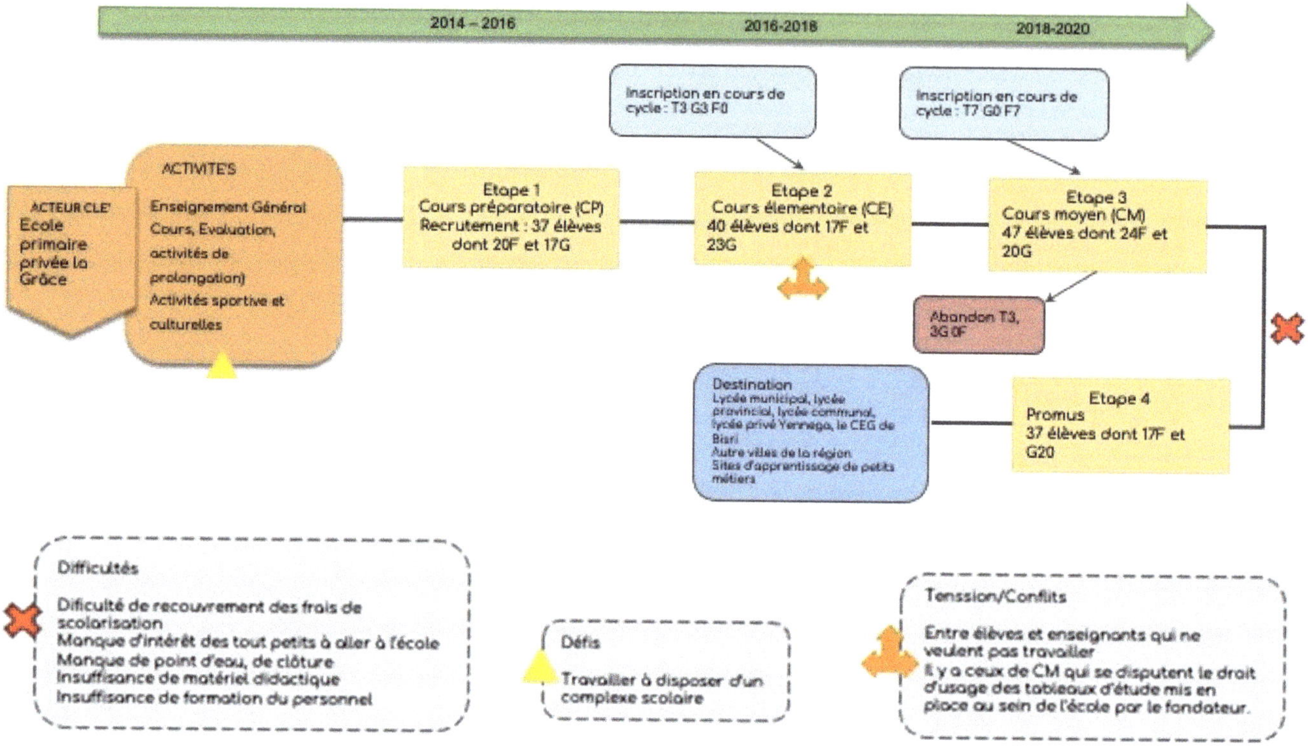

C. Schéma des interconnexions

En termes de dynamique inter-disciplines, on note le respect du programme d'enseignement et des emplois de temps par les enseignants. Les cours sont préparés à l'avance et les heures de devoirs sont déterminées par l'enseignant dans son programme de cours. Quand la période des inscriptions arrive, les médias sont utilisés pour faire passer l'information. Les cours dispensés à travers les médias permettent aux élèves d'apprendre et de développer leurs facultés intellectuelles. L'école organise des activités culturelles (danses et sports) qui contribuent au développement de la capacité intellectuelle et physiques des élèves. Dans le programme, la vie associative et citoyenne est enseignée aux enfants à travers la formation de groupes pour des services de nettoyage, la montée du drapeau et le salut aux couleurs.

Pour la dynamique inter-acteurs, on note une participation collective des parents et des enseignants à la vie de l'école. L'APE et l'AME soutiennent l'école en légumes et en condiments pour la cantine scolaire.

Pour la dynamique inter-lieux, l'école est installée dans un environnement favorable à la réussite des enfants. En effet, elle dispose d'une cantine scolaire fonctionnelle, de cahiers de visite médicale, des toilettes et d'un espace permettant aux enfants d'étudier et de se distraire. Son site est à l'abri des nuisances sonores de la ville de Kombissiri.

En ce qui concerne la dynamique inter-temps, l'école a ses débuts, n'ayant pas tous les niveaux du cycle primaire, avait pour ambition de les obtenir et de pouvoir accueillir assez d'élèves. Pour ce qui est de la capitalisation des informations, chaque élève à l'inscription dispose d'une fiche individuelle. Pour la vision future, l'école souhaite renforcer sa capacité en termes d'infrastructures telles que les points d'eau, et de pouvoir clôturer l'établissement.

Les critères de la dynamique inter-économies sont les suivants : les efforts des acteurs contribuent au développement de l'éducation ; les enseignants cherchent à obtenir les guides pour actualiser leurs compétences afin de mieux transmettre les savoirs aux élèves ; les parents également font des efforts pour payer les frais de scolarité et encourager l'enseignement. Pour ce qui est de la valorisation des ressources humaines, les meilleurs élèves sont récompensés ou encouragés pour valoriser l'éducation. En ce qui concerne la gestion des ressources financières et matérielles, le fondateur se charge de rendre disponibles les enseignants et les équipements.

Pour la dynamique inter-publics, le recrutement se fait au même pied d'égalité entre les filles et les garçons ; tout enfant à l'âge de 6 ans a le droit d'entrer dans l'établissement. Pour les entrées en cours de cycle, c'est le critère de moyenne, d'extrait de naissance et de document de non-redevabilité qui sont des éléments de base exigés. Le recrutement suit la même logique chaque année. Les élèves ont des activités pratiques de production au cours desquelles ils apprennent à fabriquer des objets ; cela permet de développer leur esprit créatif et contribue aussi à leur épanouissement. Il y a également les matchs interclasses organisés qui développent leur intelligence

(Figure 20 : indicateurs d'interconnexions de l'école primaire privée la Grâce).

2.2.6 Lycée privé la Fraternité

A. Carte des parties prenantes

La carte des parties prenantes du lycée privé la Fraternité relève 5 collaborateurs : le proviseur, les enseignants, le comptable, les surveillants et les élèves. Ces acteurs restent en étroite collaboration entre eux pour le bon fonctionnement du lycée. Parmi, les acteurs internes, il faut noter l'absence de l'APE qui est pourtant indispensable au bon fonctionnement de l'école. Cela explique son inscription sur le nuage.

Les producteurs de normes et de valeurs du lycée privé la Fraternité sont l'État et le fondateur. Les porteurs des cultures traditionnelles et religieuses inscrits dans le nuage pourraient jouer un grand rôle dans instruction des élèves sur les questions de paix, d'extrémisme violent et de radicalisation.

Le fondateur est le seul partenaire technique et financier de l'établissement. Le lycée cotraite avec le lycée provincial dans l'élaboration des examens blancs.

Les élèves de cet établissement au nombre de 296 dont 173 filles et 123 garçons sont en général issus des écoles des villages de Nagnimi, de Goaguin et des établissements de Kombissiri. On note également la présence d'enfants des déplacés internes, des fonctionnaires nouvellement affectés et des élèves renvoyés des autres établissements de Kombissiri

(Figure 21 : Carte des parties prenantes du lycée privé la Fraternité).

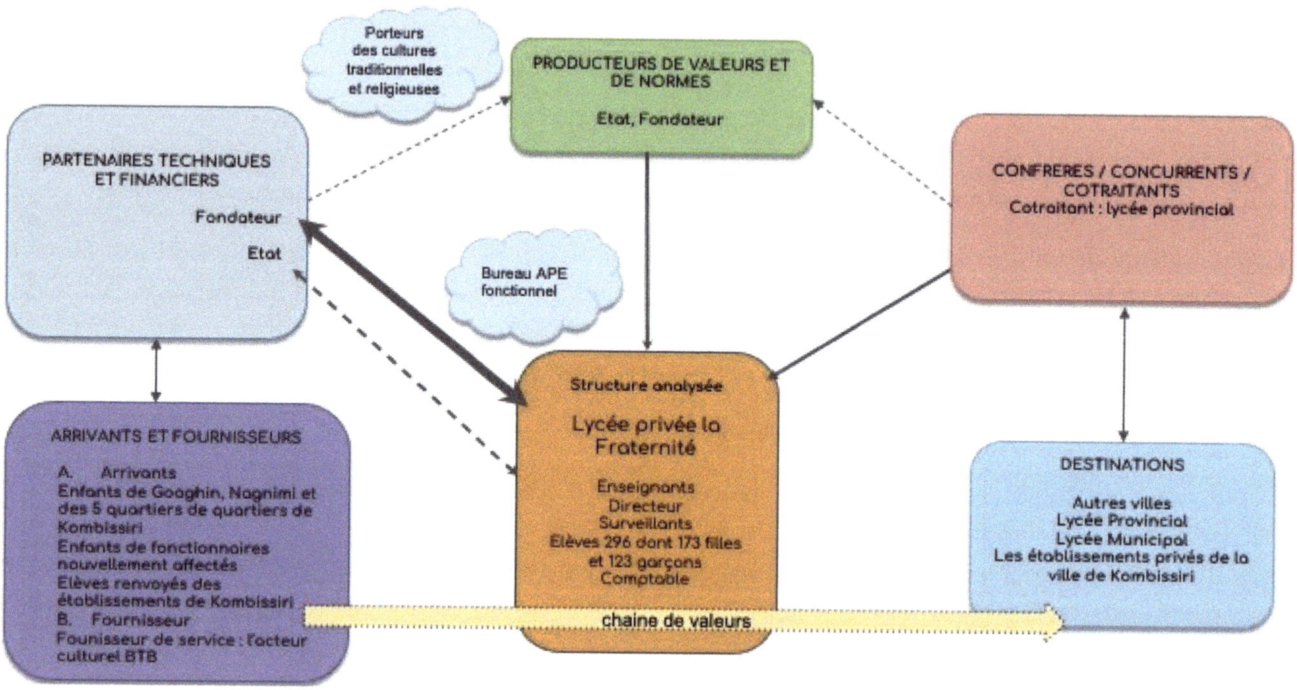

B. Carte de la chaîne des valeurs

La carte de la chaine des valeurs du lycée privé la Fraternité montre que les effectifs sont croissants au fil des années. Malheureusement, aucune analyse ne peut être faite car ces élèves ne sont pas de la même promotion. La plupart des élèves inscrits au départ ont migré vers les établissements publics, une fois qu'ils ont acquis la moyenne suite aux évaluations. Et c'est ainsi toutes les années. L'explication des effectifs fluctuant et pléthorique de la classe de 3ème provient du fait que le lycée reçoit les élèves renvoyés des autres établissements.
Des insuffisances ont été constatées. Par exemple, le bureau APE du lycée n'a pas été mis en place, ce qui dénote une absence de collaboration entre les parents et l'administration de l'établissement. On note aussi l'absence de cantine et l'insuffisance de documents pour accompagner les élèves qui ont un niveau général faible. La bibliothèque est peu fournie. Les frais scolaires sont élevés par rapport au pouvoir d'achat des parents. En plus l'établissement n'a pas encore de convention avec l'État. Cette faiblesse s'accompagne de conflits entre les parents d'élèves et la comptabilité, ainsi que de conflits entre les élèves. Pour rehausser son image, le lycée la Fraternité organise des cours d'appui au profit des élèves.

Bien que le lycée privé la Fraternité ait un cycle secondaire, la majorité des élèves admis au BEPC se dirigent vers les lycées publics de Kombissiri (le lycée Municipal et le lycéee Provincial).
On note quelques tensions/conflits entre les parents d'élèves, le service de comptabilité et entre les élèves.
Enfin, il ressort de l'enquête que l'établissement a comme défi principal d'obtenir une convention avcc l'État.

(Figure 22 : Carte de la chaîne de valeurs du lycée privé la Fraternité).

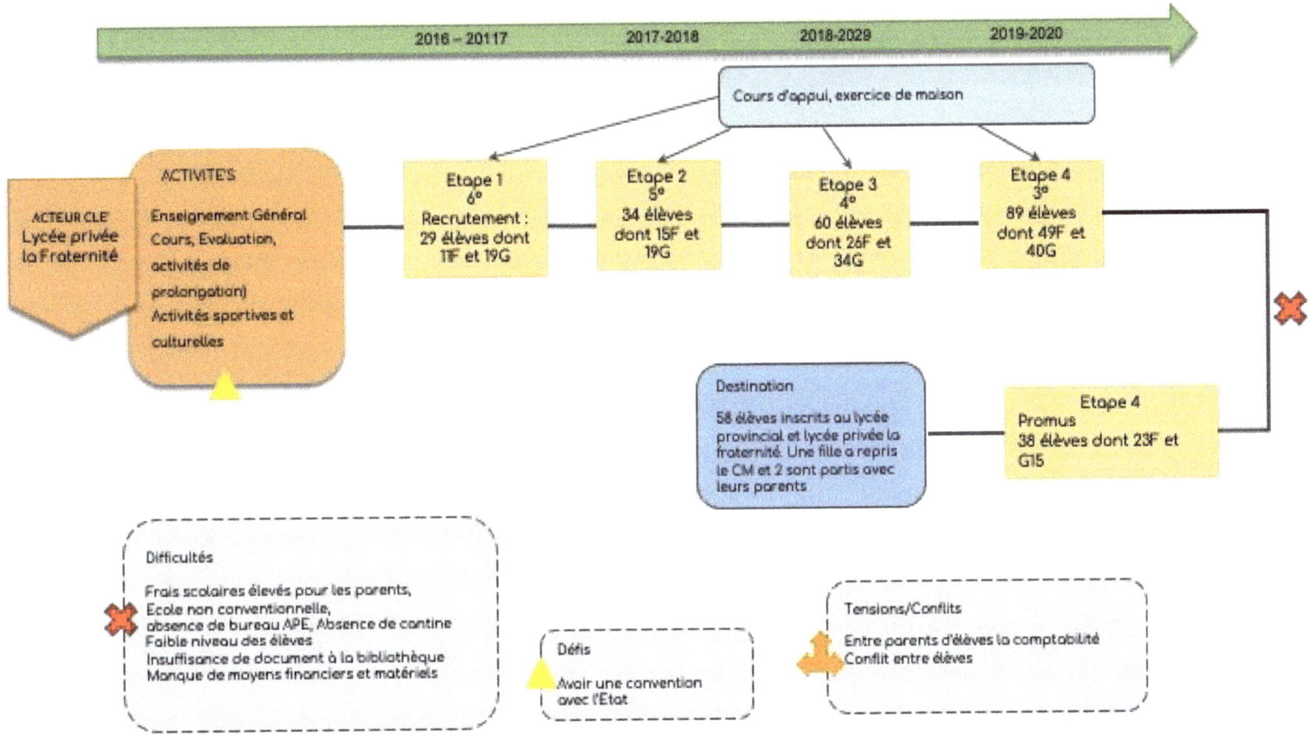

C. Schéma des interconnexions

De l'analyse de l'indicateur inter-disciplines, il ressort que le programme des cours du lycée la Fraternité subit des réaménagements pour une adaptation au programme des enseignants du fait que tous les enseignants viennent des établissements publics. Ce choix est fait au regard de l'expérience professionnelle des enseignants qui pourraient relever le niveau de l'école. De plus, les médias contribuent au développement de l'esprit critique des élèves à travers les différents thèmes d'actualité abordés. Les médias constituent également une source de recyclage pour les enseignants. Il y a des activités culturelles (théâtres, ciné débat) qui sont menées au sein de l'établissement par les élèves. Ces activités culturelles constituent une source d'épanouissement pour les élèves leur permettent de développer leurs valeurs culturelles.

En termes de dynamique inter-acteurs, on note une bonne collaboration entre les enseignants et les membres de l'administration. Tous les acteurs intervenant dans le lycée participent aux différentes réunions de l'établissement. Toutefois, les enseignants ne sont pas concertés avant le recrutement des élèves.
En ce qui concerne la dynamique inter-lieux, l'école dispose de tous les niveaux du post primaire et du secondaire avec des salles de classe de bonne qualité.
Pour l'indicateur inter-temps, il ressort qu'à l'ouverture, le fondateur du lycée la Fraternité avait pour ambition d'aider les membres de sa communauté à travers la réintégration des élèves déscolarisés dont les parents ne disposent pas les moyens financiers. Pour renforcer ses capacités, l'école a pour ambition de faire la clôture, de pouvoir obtenir la convention avec l'État, de recevoir les élèves affectés par l'État et d'obtenir le document officiel d'ouverture du second cycle.
Pour l'analyse de l'inter-économies, il ressort que le rôle de chaque acteur est utile et bénéfique pour l'établissement. En effet, les enseignants font au mieux pour dispenser les cours, mettre à la disposition des guides de renforcement à la disposition des élèves. Les frais de scolarité sont assurés grâce aux efforts des parents qui permettent au lycée de faire face à ses dépenses pour son bon fonctionnement. Les ressources humaines sont valorisées au sein de l'établissement à travers les récompenses pour les meilleurs élèves pour les galvaniser à travailler davantage. Le fondateur met à la disposition de l'établissement des équipements dont la gestion est assurée par les membres de l'administration.
En ce qui concerne la dynamique inter-public, il ressort que dans le protocole de recrutement des élèves, il n'y a pas de discrimination ni de critères particuliers d'accès. Même les élèves de plus faible niveau sont acceptés au sein de l'établissement. Toutefois, les enfants à besoins spécifiques (le cas des handicapés visuels, des sourds-muets, etc.) ne sont pas acceptés car l'établissement ne dispose pas de compétence pour leur enseignement. Le mode de recrutement reste dans la même logique chaque année : il permet de regrouper les enfants de divers horizons au sein de l'établissement et favorise la visibilité de la diversité culturelle. Le partage d'expériences entre les élèves constitue pour eux une source d'épanouissement.

(Figure 23 : Carte des indicateurs d'interconnexions du lycée privé la Fraternité).

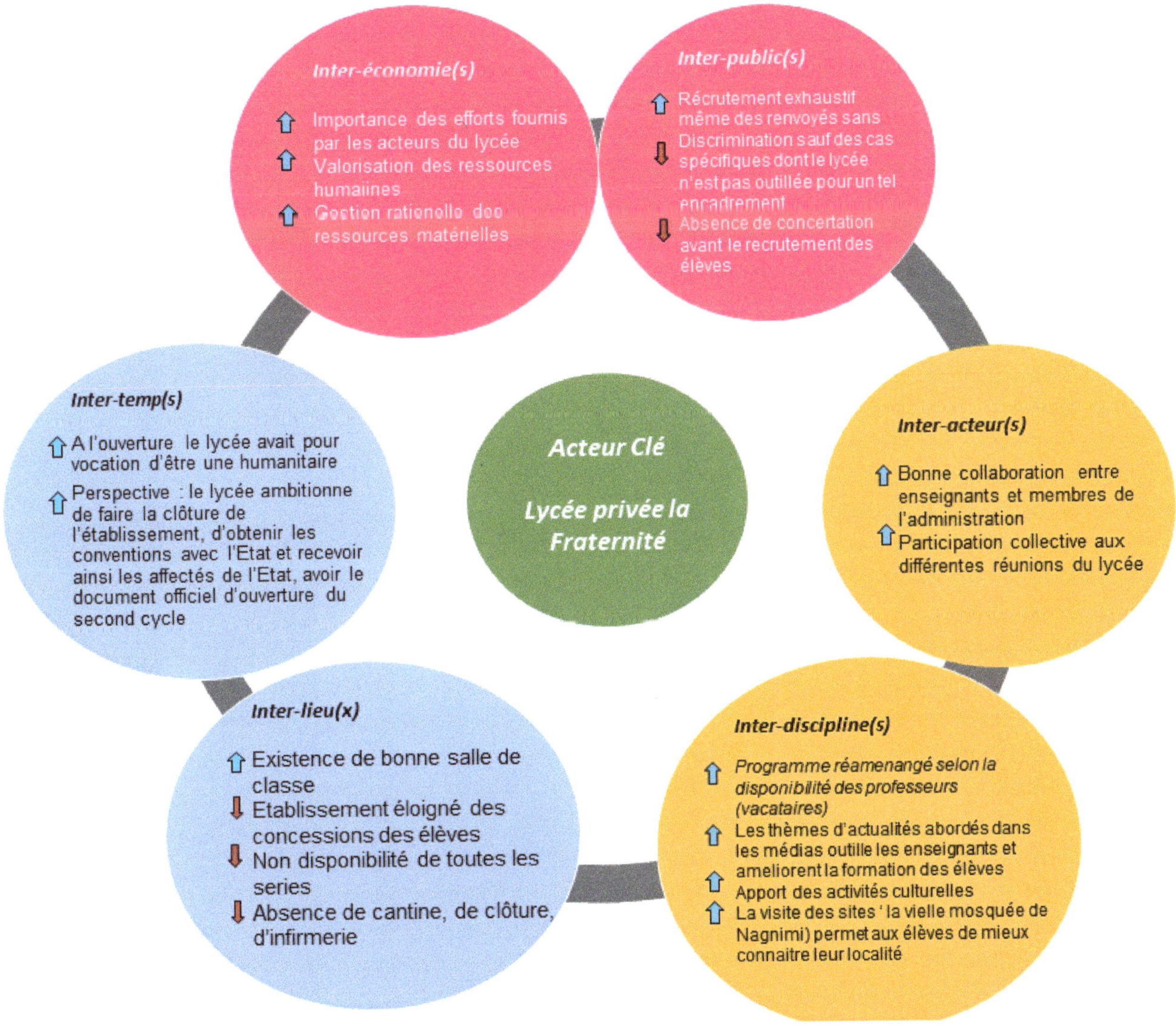

Indicateur positif ⇧

Indicateur négatif ⇩

III. PROPOSITIONS

Les participants à l'atelier d'analyse et de synthèse des observations, qui s'est tenu du 23 au 26 août 2021 à Kombissiri, ont formulé brièvement des recommandations principales. Ils font appel à toutes les personnes, acteurs institutionnels, organisations civiles et privées, qui se reconnaîtront dans ce bien commun.

Recommandations

Rappel de principes

- L'éducation ne se réduit pas à la délivrance d'enseignements, c'est une vie qui se développe à tous les âges et qui permet de partager et développer les ressources de connaissance et de reconnaissance disponibles. Elle est essentielle au développement de la dignité de chacun pour lui-même, ses proches, sa communauté, son peuple.
- La qualité de la vie éducationnelle - ses ressources et ses fruits - constitue un bien commun, propre à chacun et propre à tous ; un bien commun implique une co-responsabilité générale, non seulement des acteurs éducatifs, et des autres acteurs culturels, mais de l'ensemble des acteurs qui peuvent y contribuer…, (ci-après interacteurs).
- Les ressources de connaissances (ci - après ressources culturelles) ne se limitent pas aux disciplines enseignées, mais incluent toutes les formes de savoir auxquelles chacune et chacun a le droit de participer pour développer sa dignité - vivre librement son processus d'identification - tout au long de sa vie.
- Il est pertinent de considérer tout système éducatif et de formation comme un écosystème interconnecté, intégrant[14] non seulement la cohérence et les liens entre les diverses structures éducatives et de formation formelles et non formelles, mais aussi les contributions informelles des acteurs culturels que sont les médias, les associations culturelles, les troupes de théâtre, les conteurs, les scientifiques, les agents de développement, les « trésors vivants » de la culture populaire, etc. ». Ces contributions ne sont pas seulement un ajout aux programmes de base, mais sont essentielles pour rendre vivantes et accessibles les matières enseignées, en révélant les liens avec la société environnante, et avec d'autres milieux culturels.

---

[14] Conformément à la loi d'orientation de l'éducation du Burkina Faso (2007)

A. Recommandations aux structures éducatives

1. Chaque personne, pour qu'elle se réalise, a besoin de connaître ce qu'il y a d'authentique en elle. En effet, le droit à l'éducation est un des droits culturels au cœur de tous les autres droits humains notamment parce qu'ils donnent accès aux libertés et responsabilités qui y correspondent. Pour ce faire, et au vu de l'importance des activités culturelles pour l'épanouissement des apprenants et pour développer un esprit critique, il est important que ces activités soient instituées dans toutes les structures éducatives et que les valeurs culturelles soient promues, dans un esprit de respect et de critique. Qu'une sensibilisation à l'importance du droit culturel soit réalisée au sein des structures éducatives et à l'endroit des parents d'élèves. Il serait alors pertinent qu'un comité culturel spécifique, soit créé au niveau de l'école au même titre que les comités de gestion.

2. Le droit à l'éducation ne s'impose pas. C'est dans la mesure où chacun peut le considérer comme l'affaire de toutes et de tous, comme un véritable bien commun en co-responsabilité et partage de savoirs, qu'on peut espérer des progrès concrets et importants. Cela signifie une responsabilité commune pour observer les situations concrètes en associant tous les acteurs concernés, éducatifs, mais aussi les autres acteurs porteurs de culture présents sur le territoire. Partant de là, les acteurs intervenant dans les structures éducatives devraient : i) mettre en place un processus de rencontres périodiques, afin de favoriser la synergie entre tous les acteurs ; ii) créer un mode de gestion pacifique des tensions et conflits basé sur le dialogue entre toutes les parties prenantes et leurs valeurs partagées.

3. Le droit à l'éducation a un lien étroit avec le droit à l'information et tous les autres droits culturels, aussi tous les interacteurs doivent être sollicités pour partager les informations nécessaires à l'amélioration des écosystèmes éducatifs. Au regard du manque d'informations sur les effectifs des promotions passées et de l'importance des statistiques pour des planifications fiables, les structures éducatives doivent améliorer leur système de collecte et d'archivage des informations sur la vie de ces structures.

4. Le droit à l'éducation suppose que toutes les commodités sont disponibles pour faciliter les enseignements/apprentissages et améliorer les résultats des apprentissages. Pour ce faire, les structures éducatives devraient être dotées adéquatement en cantine, en eau, en latrine et en matériels didactiques. Cela inclut également un environnement d'apprentissage sécurisé et un environnement lettré fonctionnel.

5. Le désir de connaître est une valeur fondamentale pour chacun, constitutive de sa dignité, mais elle ne se réalise qu'avec d'autres. Cette valeur est universelle, elle est le levier du développement libre et digne de toute personne, à la base de tous les droits de l'homme. Le droit à l'éducation suppose que tous ont accès à une éducation de qualité. Pour ce faire, les structures éducatives ont l'obligation d'être inclusives en prenant notamment en compte les apprenants à capacités et besoins spécifiques (les personnes en situation de handicaps, de minorités, de situations sociales diverses, etc.).

6. Le droit à l'éducation pris dans tout son ampleur permet à chaque personne de se réaliser et d'accomplir sa citoyenneté. La montée des couleurs, les activités collectives d'assainissement et toutes les activités culturelles centrées sur la participation à la vie sociale, favorisent l'éveil citoyen des apprenants. Pour cela, toutes les structures éducatives devraient les appliquer régulièrement en concertation avec d'autres acteurs pertinents présents sur le territoire.

7. Les droits à l'information et à l'éducation/formation sont deux droits culturels intimement liés et se renforcent mutuellement. Le rôle des médias est important pour faciliter la transmission des savoirs à travers des émissions interactives d'éducation, des documentaires de découverte, etc. Ils permettent aussi de partager des informations sur la vie des structures éducatives, de sensibiliser les apprenants et leurs parents. Pour ce faire, il est nécessaire que les structures éducatives nouent des partenariats avec les médias locaux et d'autres acteurs culturels pour mettre en œuvre des programmes qui participent au renforcement des acquis des apprenants au travers d'approches diversifiées.

8. Le droit à l'éducation se réalise en interaction de façon à éduquer et s'éduquer mutuellement tout au long de la vie. Les activités pratiques comme les visites auprès de leaders ou groupes socio-professionnels suscitent l'éveil et l'intérêt, et renforcent l'appartenance culturelle des apprenants. Les structures éducatives ont tout à gagner à intégrer ces activités dans leur programme pour informer et développer la connaissance et la fierté des apprenants envers les richesses culturelles de leurs terroirs et métiers.

9. Chaque acteur a pour première obligation d'observer la richesse de son territoire. Il convient donc de procéder au repérage des différents acteurs qui concourent, ou pourraient concourir, à la qualité de l'éducation de la structure éducative analysée, puis de les inviter à participer chacun à sa mesure au développement des informations, et notamment de réaliser ensemble un bilan des ressources culturelles disponibles, et de celles qui font défaut, à la promotion de l'effectivité du droit à l'éducation dans toutes ses dimensions.

B. Recommandations aux États et aux Communes

1. Le désir de connaître est un bien local et universel ; c'est le levier du développement libre et digne de chacun, à la base de tous les droits de l'homme. Le droit à l'éducation suppose que tous ont accès à l'éducation qui est un bien commun. Pour ce faire, les communes devraient œuvrer à doter les structures éducatives de moyens humains et matériels adéquats pour la prise en compte des apprenants à besoins et capacités spécifiques (le cas des personnes en situation de handicap, de minorités, de catégories sociale et professionnelles diverses, etc.).

2. Les communes, légalement responsables sur leur territoire du développement de l'éducation et de sa dimension culturelle, doivent pouvoir disposer d'un tableau de bord (y compris la carte éducative mise régulièrement à jour) leur permettant de mesurer la progression de l'éducation et de sa qualité, en lien avec leur milieu. Pour ce faire, il est important de mettre en place un système d'information statistique adéquat (collecte, archivage, analyse, diffusion) au niveau de chaque commune. Il s'agit de mettre en place une équipe qualifiée pour la collecte, l'analyse, la diffusion et l'archivage des données fournies par les structures des différentes composantes de l'éducation actives sur le territoire communal.

3. La maîtrise de la règlementation par les acteurs communaux est indispensable pour un pilotage efficace des activités éducatives. Les communes devraient être systématiquement et exhaustivement formées sur les textes portant sur le transfert aux communes de la responsabilité du développement de l'éducation et sur les procédures leur permettant de jouer pleinement leur rôle, en lien avec tous les acteurs locaux et l'État.

4. Les problèmes récurrents de non-respect des volumes horaires dans les cycles et sous cycles d'éducation et de formation affectent gravement la qualité de l'éducation en tant que droit culturel. Par conséquent, les communes pourraient œuvrer au respect des volumes horaires requis par les instructions nationales à travers le développement d'une stratégie qui permet l'engagement de tous les acteurs de l'écosystème de l'éducation et de la formation dans toute sa richesse culturelle.

5. Bien que les structures étudiées soient relativement bien dotées en ressources matérielles et humaines reconnues indispensables, aucune ne dispose d'une bibliothèque ou d'un centre de ressources documentaires (notamment littéraires, médiatiques, linguistiques, artistiques, historiques, scientifiques, etc.). Il est important que les acteurs étatiques et les partenaires techniques et financiers accompagnent les structures éducatives du pays pour qu'elles puissent disposer de ressources adéquates essentielles dans ce domaine, constituant une base de travail aussi bien pour les apprenants/enseignants que pour les autres acteurs culturels.

6. Afin de mobiliser les financements de toutes les composantes de l'éducation, il est nécessaire de faire des requêtes détaillées pour le budget communal d'éducation/formation en prenant en compte le préscolaire, le primaire, le post primaire, la formation professionnelle et le non formel, et voir quel peut être la part propre des communes sur ses ressources internes, la part de l'État et la part des partenaires de la commune. Cela impose la mise en place d'un dispositif pour classer les dépenses par destination dans les communes. La mise en œuvre d'un tel dispositif pourra nécessiter la révision de la nomenclature budgétaire de celles-ci.

7. Comme le dit Joseph Ki-Zerbo dans son ouvrage « *Éducation et développement en Afrique* » : « *L'école doit être l'affaire de tout le village, et le village, l'affaire de l'école* ». L'éducation et la formation ont pour finalité de développer la personne et la société, avec l'école au centre, utile pour tous les apprenants qui participent et utile à la société. A ce titre, il est important de promouvoir des alternatives éducatives qui favorisent l'articulation entre éducation-formation et société en développement.

8. Chaque commune a pour première obligation de favoriser l'observation de la richesse de son territoire par tous les acteurs publics, civils et privés. Il convient alors de procéder avec eux au repérage des différentes ressources culturelles présentes et manquantes dans le territoire concerné et de trouver avec eux un accord sur les valeurs fondamentales à promouvoir pour concourir à la meilleure qualité de la vie éducationnelle, aussi bien pour l'épanouissement de chacun que pour le service à la communauté (l'utilité sociale, écologique, économique...). Pour que cela soit opérationnel, il est nécessaire qu'ils mettent en place des outils de travail et de concertation en réseau.

Et à présent…

Comprendre le droit à l'éducation dans son amplitude culturelle, c'est chercher attentivement à dégager et valoriser les ressources culturelles présentes, trop souvent ignorées ou négligées et donc gaspillées. C'est aussi percevoir à quel point formation et information sont intimement liées comme deux soeurs : dans une communauté éducative qui reconnaît le rôle central des structures d'éducation et d'information au cœur de la cité, chacun a le droit, mais aussi les libertés et les responsabilités de participer à des écosystèmes culturels les plus riches possible.

Comment chaque acteur peut-il contribuer à mettre en œuvre les recommandations synthétisées ci-dessus ?

Les résultats ici présentés ne sont que des exemples issus d'une étape de cette recherche, étape limitée dans le temps et par les moyens à disposition, comme c'est en général le cas. Outre les publications précédentes, d'autres documents sont disponibles sur le site de l'APENF et sur les sites partenaires.

Toutes celles et tous ceux qui souhaitent s'approprier cette méthode sont invités à le faire, à l'adapter si besoin à leur situation, et à nous communiquer leurs interrogations, résultats et critiques.

Illustration : le village au centre de l'école, commentaire du batik de Robert Compaoré

Ce batik est l'oeuvre d'un artiste burkinabè, Robert Compaoré, qui n'a pas pu bénéficier du droit à l'éducation scolaire en tant qu'enfant, mais qui a pu apprendre à lire et à écrire en tant que jeune adulte, dans un centre d'alphabétisation ouvert dans son village par une organisation de la société civile burkinabè, soutenue par la solidarité internationale. Il s'agit symboliquement de l'image de toute une communauté qui apprend, avec au fond son lieu d'habitation protégé par le baobab - symbole ici des valeurs de la sagesse traditionnelle. L'animateur professionnel devant son tableau, fait le lien avec les apports de la modernité, notamment de l'écriture. Adapté au monde d'aujourd'hui tel qu'il est, mais basé sur l'interdépendance de tous les acteurs de la vie éducationnelle.

« L'école doit être l'affaire de tout le village, et le village, l'affaire de l'école » selon l'expression de Joseph Ki-Zerbo. Voici brièvement la symbolique des 20 cases entourant l'image centrale en partant en haut et à gauche et en tournant dans le sens des aiguilles d'une montre.

1. Les agriculteurs vivriers et leurs familles sont la catégorie socio-professionnelle » la plus défavorisée et la moins alphabétisée : la reconnaissance de leurs droits fondamentaux, notamment de leur identité, de leur rôle socio-économique, de leurs savoirs et de leurs besoins éducatifs et de formation, est encore loin d'être une réalité pleinement intégrée. **2.** La lumière du savoir est comme la lumière du soleil, elle est commune aux femmes comme aux hommes. **3.** L'homme, et la femme qui porte son bébé, vont dans un centre d'alphabétisation pour adultes : une chance d'acquérir de nouveaux outils pour leur épanouissement culturel et pour améliorer leur vie quotidienne… et particulièrement pour mieux connaître les soins cruciaux qui sont dus à la petite enfance. **4.** Il devrait y avoir égalité d'accès à la vie culturelle et à l'éducation en particulier. **5.** Les jeunes qui n'ont pu être scolarisés dans une école classique ont aussi leur école de la deuxième chance : les centres d'éducation de base non formelle, où il y a parité de recrutement. **6.** Garçons et filles sont scolarisés à proximité de leur lieu d'habitation. **7.** Les femmes rurales forment le groupe social encore le plus privé d'éducation ; les programmes d'alphabétisation devraient donc comprendre une majorité de femmes. **8.** L'accès à l'eau potable devrait se généraliser, pour la santé et pour une meilleure disponibilité des femmes. **9.** Les femmes doivent avoir droit à des moments spécifiquement dédiés à se cultiver, seules ou en commun. **10.** Une femme alphabétisée s'occupe mieux du suivi de la santé de son petit enfant, notamment sa courbe de poids. **11.** Comme le baobab, symbole de sagesse et d'utilité pour une bonne vie, l'éducation en tant que droit culturel protège toute la famille, principe et but de son développement. **12.** Etre alphabétisé facilite l'accès au dépôt d'argent et au crédit. **13.** L'homme et la femme s'occupent conjointement de l'éducation familiale. **14.** Savoir calculer par écrit est un acquis essentiel. **15.** Grâce à l'écrit, de nouvelles pratiques agricoles assurent une meilleure sécurité alimentaire. **16.** Le petit élevage domestique améliore la qualité des repas familiaux et procure des revenus. **17.** Les cordons pierreux, et autres aménagements de l'espace agro-forestier, permettent de conserver les sols en réduisant l'érosion et en facilitant la rétention de l'eau. **18.** La plantation d'arbres (bons utilisateurs des pluviométries irrégulières) pour le bois de service et les vergers, permet l'entretien et la valorisation de l'environnement. **19.** L'alphabétisation ouvre aussi ouvrir la voie à la diversification des activités, notamment l'artisanat. **20.** La lecture devient une voie d'ouverture sur de nouvelles connaissances tant pratiques qu'orientées vers l'épanouissement personnel.

ANNEXES

Glossaire : les mots de l'éducation en tant que droit culturel

Acteur	Toute personne individuelle et morale est sujet de droit, de libertés et de responsabilités en matière de droits de l'homme. Mais elle peut mettre en commun l'exercice de ces droits, libertés et responsabilité. L'acteur individuel, ou collectif ainsi organisé peut être de trois natures : privée (entreprise), publique (organe public), civile (ONG, association sans but lucratif) ; il est en outre souvent mixte. Dans tous les cas, c'est un système social organisé pour produire de la *richesse**. Il fonctionne en interaction avec ses parties prenantes au sein d'un tissu socio-culturel – économique et politique.
• ***Interacteur***	Tout acteur (ou groupe d'acteurs) dont le fonctionnement ne peut être compris indépendamment d'autres acteurs dans un système d'interactions. Voir : *parties prenantes**
• ***Interaction***	Ensemble entremêlé d'actions, de proactions et de réactions qui s'influencent mutuellement entre plusieurs acteurs. Un ensemble d'interactions constitue un *écosystème**
Acteur culturel	Deux significations sont à distinguer : 1, Tout acteur agissant dans la culture au sens large est « porteur de dignité, d'identité et de sens » (UNESCO) dans les domaines de l'éducation, des arts, des sciences, de l'éthique, des religions, de l'information, des modes de vie et des techniques (*domaines culturels**). En ce sens, un acteur culturel permet de révéler et de développer le sens qui traverse diverses activités. Par exemple, le théâtre et l'école se renforcent et se révèlent mutuellement. 2, Un acteur qui agit principalement dans un autre domaine (par ex. médical, agricole,…) est aussi un acteur culturel quand il cherche et dispense de l'information et de la formation sur le santé, sur un métier, sur l'environnement.

Analyses
- **micro**
- **macro**
- **meso**

Les niveaux d'analyse politique sont distingués, selon trois points de vue :

1, *micro :* celui de l'individu et de ses proches ou celui de la structure institutionnelle de base et de ses collaborateurs
2, *macro :* celui des États, de leurs institutions et organisations interétatiques;
3, *meso :* celui des organisations et institutions ou systèmes sociaux, petits, moyens ou grands, parfois supérieurs en taille aux États.

Apprenant

Cet adjectif est à prendre dans sa réciprocité : apprendre à quelqu'un, apprendre de quelqu'un. Cette réciprocité, certes asymétrique, est au principe toute vie éducationnelle. Les différents apprenants partagent le même désir de savoir mais de façons différentes : ils se nourrissent mutuellement. Une société, une organisation, une famille, une communauté, qui apprend est apprenante en ces deux sens.

Besoins et droits fondamentaux

Les besoins fondamentaux sont ceux qui sont inhérents à la condition humaine pour vivre libre dans la dignité. Un droit est un besoin que la société garantit ; un droit est fondamental lorsqu'il garantit un besoin de ce niveau (en démocratie, c'est toute la société qui est productrice et garante du droit).

Approprié

Cet adjectif a deux sens : 1) logique, synonyme d'adéquation ; 2) actif, approprié par quelqu'un. Une éducation appropriée est logiquement adéquate et appartient aux apprenants (enseignants et étudiants) qui la vivent.

Bien commun
- **micro**
- **meso**
- **macro**

Le bien commun se comprend aux trois niveaux interdépendants d'analyse :

1, *micro* : la dignité fondamentale, propre à chaque personne et aux groupes ou communautés auxquels elle se réfère ; cette dignité est à la fois propre et commune car elle est universelle et ne peut s'exercer que dans la reconnaissance mutuelle. Dans le détail, un bien commun est constitué par une relation digne (ou relation de droit correspondant à chaque droit de l'homme). *Exemple :* le droit d'accès d'une personne à la science, à une alimentation adéquate, à une éducation adaptée et de qualité…
2, *meso:* l'équilibre dynamique des grands systèmes (culturels au sens large, écologiques, économiques, politiques et sociaux), avec les ressources qu'ils développent et qui les constituent, est un bien nécessaire au respect de la dignité de chacun. *Exemple :* une science en tant que système social ; un marché agro-alimentaire équilibré, un système éducatif et de formation inter relié…
3, *macro :* la gouvernance politique elle-même, en tant que culture démocratique partagée. *Exemple :* une politique de la science ; une politique de la production alimentaire et de l'alimentation; une politique de l'éducation et de la formation, etc

Par l'exercice de ses droits, libertés et responsabilités, chacun, seul et en commun, est appelé à y concourir, afin de conserver et de développer les ressources communes.

Capacité	Disposition ou faculté permettant à une personne, à un groupe ou à une institution, de réussir dans l'exercice d'une activité. Les capacités fondamentales nécessaires à une vie digne concernent les droits, les libertés et les responsabilités.
Capabilité	Notion proposée par A. Sen et développée par M. Nussbaum : la possibilité effective qu'un individu a de choisir, à partir de ses capacités propres et de celles qu'il peut mobiliser dans son milieu, diverses combinaisons, ou modes, de fonctionnements. Pour s'exercer et se développer, une capabilité a besoin d'être reconnue. La double interdépendance 1) entre les capacités internes à chacun, 2) entre ces capacités internes et celles qu'il trouve dans ses milieux, exprime bien l'interdépendance entre les droits de l'homme, et entre les différents niveaux d'analyse : micro, meso, macro.
Capital culturel	Parmi les différentes sortes ou espèces de capitaux, un capital culturel est un ensemble de savoirs en *interaction** ; comme tout capital, un capital culturel est une richesse et un facteur de développement. Un capital culturel assure des capacités de choix et de connaissance qui conditionnent la valeur du développement des personnes et des groupes (micro), des organisations et des peuples (meso), des nations (macro). La richesse des capitaux culturels conditionne *toutes* les dimensions d'un développement.
Chaîne de valeurs	Séquence d'opérations permettant de réaliser une activité : chaque « segment » de la chaîne doit apporter des valeurs ajoutées ; celles-ci se vérifient par une observation et un bilan réguliers de l'évolution des valeurs culturelles, écologiques, économiques, politiques et sociales.
Co-libertés	Plus intimement encore que pour les co-responsabilités, l'exercice individuel d'une liberté ne se dissout pas dans les « libertés collectives », mais se nourrit des autres, lorsque plusieurs personnes interagissent pour un bien commun, cherchant à « instruire » ainsi ses propres libertés.
Communauté culturelle	Il y a communauté à partir du moment où des membres s'engagent solidairement en faveur d'un bien commun. « Par 'communauté culturelle', on entend un groupe de personnes qui partagent des références constitutives d'une identité culturelle commune, qu'elles entendent préserver et développer. » (Décl. De Fribourg, art.2.c)
Communauté éducative	Communauté dialoguante et agissante des acteurs qui participent d'une façon ou d'une autre à l'éducation / formation dans, ou avec, un ou plusieurs établissements ou structures. Tous les acteurs sont alors considérés comme des *apprenants**, dans les deux sens : celui qui apprend (enseigne) aux autres, celui qui apprend (appréhende) un ensemble de connaissances.

Démocratie
- ***faible***
- ***forte***

Un régime est considéré comme démocratique lorsqu'ïl répond aux standards communément admis : élections libres et régulièrement organisées, multipartisme, liberté d'expression et d'association permettant le développement d'une riche vie associative. Mais une telle démocratie est encore faible au regard d'un régime qui fonde toutes les décisions de gouvernance sur des procédures de débat de façon transversale à tous les acteurs de la société, et fondées sur l'ensemble des droits de l'homme, sous garantie des autorités publiques. Une telle démocratie ne peut se développer seulement à l'interne, elle cherche les connaissances et des co-responsabilités aux niveaux international et transnational. Une démocratie forte est une société qui apprend de façon permanente en recueillant et croisant les savoirs de tous.

Démocratisation

Tout progrès dans le sens d'une meilleure gouvernance démocratique, compris, non comme une distribution d'un bien au plus grand nombre, mais comme la participation de tous, par le meilleur usage possible de ses droits, libertés et responsabilités. Une démocratisation est un moment dans un processus de passage de démocratie faible à démocratie forte.

Développement soutenable inclusif et résilient

Le développement est soutenable s'il est durable dans le temps parce qu'il prend en compte la gestion de toutes les ressources connues. Il est alors inclusif car il inclut les personnes, leurs acteurs collectifs et l'ensemble des domaines concernés, dans une recherche optimale de reconnaissance mutuelle des savoirs et donc de synergie. Il est enfin résilient lorsqu'il démontre une grande capacité d'adaptation et de réparation sachant tirer les leçons de toutes les souffrances et des ressources vives qu'elles font apparaître (*résilience**).

Dignité

La dignité d'une personne se trouve dans ses capacités fondamentales de libertés et de responsabilités. Elle s'exprime dans ses choix et dans ses œuvres, propres ou en partage. Les droits de l'homme garantissent que ces capacités de libertés et de responsabilités soient reconnues, protégées et développées. Plus spécialement au regard des droits culturels, la dignité c'est de pouvoir être *reconnu comme capable* de (se) connaître et de (se) reconnaître, d'identifier et de s'identifier ; ce qui libère le pouvoir savoir, être, faire, dire, s'exprimer, partager, le pouvoir d'être touché et de toucher, celui de choisir et d'être choisi.

Disciplines

Une discipline est un ensemble de savoirs constitué en système avec ses modes de communication, de reproduction et de développement. Quelle soit scientifique, artistique, technique, sportive, religieuse, qu'elle concerne des modes de vie au quotidien ou une excellence rare, les disciplines sont des traditions sociales d'expériences, de raisons et de communication ; ce sont aussi des écoles d'admiration. Les disciplines structurent les domaines culturels. Elles peuvent aussi, malheureusement, être fermées, prétextes d'exclusion et donc d'ignorance.

Domaines culturels

Les domaines culturels sont les différents secteurs qui constituent l'ensemble d'un système culturel selon une définition large de la culture. Les domaines culturels sont en interaction avec les autres domaines (écologiques, économiques, politiques et sociaux) ; on peut parler dans ce cas des dimensions culturelles de ces domaines.

Dommage personnel et sociétal	Deux niveaux de dommage sont logiquement interdépendants: 1, personnel : violation des droits fondamentaux d'une personne ; 2, sociétal : péjore l'équilibre dynamique des systèmes culturels, écologiques, économiques, politiques et sociaux (désinformation, corruption, pollution, déculturation, discriminations…).
Droits humains (droits de l'homme)	« Les droits de l'homme sont des droits dont disposent toutes les personnes, en vertu de leur condition humaine, pour vivre libres et dans la dignité. Ces droits confèrent à chacun des créances morales sur le comportement des autres individus, ainsi que sur la structure des dispositifs sociaux. Ils sont universels, inaliénables et indivisibles. » (PNUD, Rapport sur le développement humain 2000, p.16). Du point de vue du droit positif, ce sont les droits universels, indivisibles et interdépendants reconnus dans des instruments juridiques internationaux et / ou nationaux.
• ***Droits culturels***	Les droits culturels désignent les droits et libertés pour une personne, seule ou en commun, de choisir et d'exprimer son identité et d'accéder aux références culturelles comme à autant de ressources qui sont nécessaires à son processus d'identification, de communication et de création, tout au long de sa vie
• ***Droit à l'éducation***	Le droit à l'éducation et à la formation est, le droit, la liberté et la responsabilité de chacun de participer à des *ressources culturelles** de qualité, ce qui lui permet de déployer sa dignité, de développer ses capabilités* pour lui et pour, et avec, les autres.
Droit au développement	Le droit au développement n'est ni la somme de tous les droits de l'homme (ce qui serait incontrôlable), ni un droit nouveau, mais le droit à l'interdépendance entre tous les droits de l'homme concernés dans une situation, à petite ou grande échelle. L'ABDH, permet d'identifier, non seulement chaque droit de l'homme en tant que facteur de développement, mais leur synergie comme constituant la dynamique principale.
Écosystème	(ou système social), unité organisée d'interrelations entre facteurs variés : acteurs, ressources et opportunités. Un système a une autonomie, une cohérence et une permanence relatives, en interrelation avec les milieux au sein desquels il déploie son activité. Sa richesse, et donc son dynamisme, dépendent de la diversité et de la qualité de ses acteurs et de leurs interactions. Voir *systémique**
Écosystème culturel	Écosystème composé de ressources et d'acteurs culturels, y compris d'autres acteurs agissant aussi dans le domaine culturel, notamment éducatif. Un écosystème éducatif est composé d'acteurs spécifiquement éducatifs et de tout autre acteur qui agit aussi, directement ou non, régulièrement ou occasionnellement, dans le domaine éducatif.

Éducation / formation	L'éducation de qualité se donne au-delà des particularités culturelles, mais en même temps à partir de celles-ci. Les droits à l'éducation / formation et à l'information sont interdépendants et étroitement liés.
• ***formelle***	Ensemble des activités éducatives se déroulant dans un cadre scolaire, universitaire ou de formation professionnelle.
• ***informelle***	Toute forme d'éducation non structurée concourant à la formation de l'individu et à son insertion sociale.
• ***non-formelle***	Toutes les activités de formation et d'éducation, structurées et organisées dans un cadre non scolaire. Elle comprend notamment l'alphabétisation, les formations et le développement de l'environnement lettré.[15]
Éthique	« L'éthique est la visée de la vie bonne avec et pour autrui dans des institutions justes. » (*Paul Ricoeur, Soi même comme un autre*, 1990, 257-8 et 202). Cette visée implique une responsabilité à l'égard des valeurs qui ne peut se construire que par l'interaction entre personnes *et* institutions, en valorisant la diversité des savoirs et des positions. Il s'agit de faire face à une responsabilité dont il est difficile d'établir les limites dans une situation complexe.
Éthique et droits humains	Toute l'éthique est un recueillement, un respect et un développement de la dignité humaine par l'extension des libertés, des droits qui les garantissent et des obligations qui y répondent, et ce, aux trois niveaux d'*analyse** micro, meso, macro.
Interculturalité et paix	Il arrive cependant que l'interculturalité soit confondue avec la multiculturalité : un brassage des « cultures », plus exactement des références culturelles, permettant au mieux le respect mutuel et la tolérance. Au regard des droits culturels, l'interculturalité signifie beaucoup plus : *la synergie mutuelle* entre les *ressources culturelles** par l'interaction entre leurs acteurs, dans leurs diversités au sein d'expériences vécues. Il y a une attraction mutuelle générale entre les porteurs de cultures par le moyen des œuvres, tel est le principe d'une paix puissante qui n'hésite pas -bien au contraire- à affronter les différends, les conflits
Partie prenante (Stakeholder)	Tout acteur qui voit son bien-être évoluer au gré des modifications de comportement d'un autre acteur (utilisé surtout en économie). Les parties prenantes dans la recherche sur le droit à l'éducation en tant que droit culturel sont tous les acteurs publics, privés ou civils qui se retrouvent en interaction dans la réalisation du droit à l'éducation.

[15] Ces trois définitions sont tirées de la Loi d'orientation de l'éducation du Burkina Faso (2007)

Partie « négligée» ou « dormante »	Un acteur qui devrait être partie prenante, mais qui n'a pas les capacités de participer aux décisions qui le concernent. Il « ne prend pas », il est oublié par ce qu'il est faible, *muet* (il s'exprime mais n'est pas entendu faute de pouvoir) ou *dormant* (il n'exerce pas sa propre responsabilité).
Patrimoine	« Le patrimoine culturel constitue un ensemble de ressources héritées du passé que des personnes considèrent, par-delà le régime de propriété des biens, comme un reflet et une expression de leurs valeurs, croyances, savoirs et traditions en continuelle évolution. Cela inclut tous les aspects de l'environnement résultant de l'interaction dans le temps entre les personnes et les lieux. » Convention de Faro, art.2.a. Un patrimoine culturel est inséparablement matériel et spirituel.
Résilience • ***sens général*** • ***sens spécifique***	Un développement est résilient : 1, au sens général et habituel, quand il a une forte capacité d'adaptation et de réparation (sens utilisé en physique et en systémique, par le PNUD dans le domaine de l'environnement), 2, en un sens plus spécifique (utilisé notamment en psychologie), quand il s'appuie sur les expériences de souffrances, de violations de droits de l'homme ainsi que sur les luttes qui ont nécessité le développement d'une nouvelle conscience de la gravité des maux, mais aussi de l'existence de ressources encore cachées. C'est ce second sens que nous utilisons dans ce document.
Responsabilité	Capacité de prendre conscience de valeurs et d'assurer une réponse adaptée à un risque connu, prévisible ou simplement possible ; en même temps que la prise de conscience, la première responsabilité est l'observation participative et la recherche d'interactions.
Ressources culturelles	Par ressource culturelle, nous entendons les savoirs et leurs porteurs : 1, toutes les formes de savoirs (être, faire, partager, faire savoir…, qui contribuent au savoir vivre), accumulés, vécus et transmis, quels qu'ils soient portés par des personnes, des institutions, des traditions, et/ou déposés dans des œuvres. 2, tous les porteurs de capitaux culturels : les personnes, ainsi que les œuvres, uniques ou constitutives de *patrimoines** : ensembles d'œuvres, traditions, institutions et organisations.
Ressources culturelles de qualité	Elles sont de qualité lorsqu'elles donnent accès à des moyens et à des espaces d'interprétation : cet espace est en tension entre respect et critique et contient souvent des valeurs qui s'opposent tout en étant nécessaires. Par exemple dans l'éducation : les valeurs d'autorité et de confiance.
Richesse	La richesse est multidimensionnelle et ne se réduit pas à sa dimension monétaire au sein de l'économie ; elle est aussi culturelle, écologique, politique et sociale ; elle se forme par le développement et la valorisation mutuels des ressources diverses. Elle se manifeste dans le développement des *capabilités**, libertés personnelles et collectives.

Sécurité humaine	Garantie du respect de toute personne en sa dignité, y compris dans sa capacité de nouer et de dénouer librement des liens sociaux ; Les différentes dimensions de ce respect sont actuellement garanties par l'ensemble des droits humains.
Structures	Ce terme recouvre ici les unités de base opérationnelles des institutions publiques, les organisations civiles et privées, ainsi que les constructions mixtes. Ce mot est parfois remplacé par « organisations » ou par « institutions » au sens large aux niveaux méso et macro.
Systématique (approche)	Démarche rigoureuse d'inventaire d'un système, consistant à : 1, rassembler, évaluer et synthétiser tous les acteurs et facteurs qui interagissent, avec leur diversité de positions, de fonctions et d'intérêt ; 2, limiter l'introduction d'erreurs et de zones incontrôlées. *En écoéthique,* cette approche consiste à vérifier qu'aucun acteur, et aucun risque pour la sécurité humaine ne sont oubliés ou minorés.
Systémique (approche)	Analyse des écosystèmes et de tout ce qui s'y rapporte. Méthode générale dont les présupposés principaux sont de considérer l'objet comme : 1, complexe, non réductible au simple ; 2, composé d'ordre et de désordre, non réductible à l'ordre ; 3, dynamique, non réductible à un état, ou à un présent court ; 4, relatif à son environnement variable, lequel n'est pas réductible à une totalité ; 5, organisé en interaction, non réductible à un ensemble de parties. *En écoéthique* (ou éthique systémique) cette approche consiste à considérer toute activité culturelle, économique, politique ou sociale comme un système complexe de relations dans lequel chaque acteur, considéré lui-même comme un système de parties prenantes, interagit et participe à une responsabilité commune.
Vie éducationnelle	« La vie éducationnelle repose sur une relation vivante entre des acteurs (élèves, éducateurs, organisations et autres acteurs associés) et des ensembles de connaissances qui forment des ressources communes. L'originalité de l'approche par les dimensions culturelles de l'éducation est de comprendre que les œuvres (langues, sciences, arts, livres, jeux, salles de classe, etc.), qui sont des ressources culturelles car elles sont porteuses 'd'identité, de valeurs et de sens', forment un potentiel sans lequel les acteurs ne peuvent rien. » (Rapport de la Rapporteuse spéciale, §54). La vie éducationnelle est portée par une *communauté éducative**.

Liste des sigles et abréviations (Burkina Faso)

AENF	:	Alphabétisation et éducation non formelle
AFLS	:	Association des femmes laïques de Saponé
AGR	:	Activités Génératrices de Revenus
APE/AME	:	Association des parents d'élèves/Association des mères d'élèves
APENF	:	Association pour la Promotion de l'Education Non Formelle
ASI/PDSI	:	Activity Student Improve/ Plan, Do, See, Improve
BEPC	:	Brevet d'étude du Premier Cycle
BTB	:	Bienvenu Théâtre du Bazèga
CE	:	Cours élémentaire
CEB	:	Circonscription d'Education de Base
CEG	:	Collège d'Enseignement Général
CEP	:	Certificat d'Etudes Primaires
CM	:	Cours moyen
COGES	:	Comité de Gestion
CP	:	Cours préparatoire
DPENA	:	Direction Provinciale de l'Education Nationale et de l'Alphabétisation
DPEPPNF	:	Direction Provinciale de l'Education Préscolaire, Primaire et Non Formelle
ENF	:	Education non formelle
FCFA	:	Franc de la Communauté Financière Africaine
FDC	:	Fondation pour le Développement Communautaire
FONAENF	:	Fonds pour l'alphabétisation et l'éducation non formelle
INSD	:	Institut National de la Statistique et de la Démographie
LOE	:	Loi d'Orientation de l'Education (Loi N° 013/2007/AN Portant Loi d'orientation de l'éducation)
MENA	:	Ministère de l'Education Nationale et de l'Alphabétisation
MENAPLN	:	Ministère de l'Education Nationale, de l'Alphabétisation et de la Promotion des Langues Nationales
ONG	:	Organisme Non Gouvernemental
PCD	:	Plan Communal de Développement
PDI	:	Personnes Déplacés Internes

PIDESC	:	Pacte International relatif aux Droits Économiques, Sociaux et Culturels
PTF	:	Partenaires Techniques et financiers
RENF	:	Responsable à l'éducation non formelle
TNS	:	Taux net de scolarisation
USB	:	Universal Serial Bus

Organisation de la recherche

Comité de rédaction

Moussa Bougma, Maître-Assistant en démographie à l'Institut Supérieur des Sciences de la Population (ISSP) de l'Université Ouaga I Professeur Joseph Ki-Zerbo (ex Université de Ouagadougou) ; titulaire d'un doctorat en démographie de l'Université de Montréal (Canada) et d'un master en démographie de l'Institut de Formation et de Recherche démographiques (IFORD) de Yaoundé (Cameroun).

Claude Dalbera, économiste, spécialiste en économie et droit de l'éducation. Ancien coopérant non gouvernemental et gouvernemental, ancien directeur d'ONG, puis consultant indépendant (alphabétisation, éducation formelle et non formelle, formation professionnelle, développement intégré) ; membre de l'APENF, du groupe de Fribourg et de l'Observatoire de la diversité et des droits culturels (Suisse).

Stefania Gandolfi, Présidente de la Fondation V. Chizzolini - coopération internationale ; elle y mène de nombreuses recherches, notamment sur éducation et développement dans de nombreux pays, elle a été Professeure de pédagogie des droits de l'homme et de la coopération internationale et titulaire de la Chaire UNESCO « Droits de l'homme et éthique de la coopération internationale » de l'Université de Bergame (Italie).

Patrice Meyer-Bisch, Président de l'Observatoire de la diversité et des droits culturels, et coordonnateur de la Chaire UNESCO pour les droits de l'homme et la démocratie, de l'Université de Fribourg (Suisse) ; il y a été le coordonnateur de l'Institut interdisciplinaire d'éthique et des droits de l'homme de la même université ; il a enseigné la philosophie du politique, du droit et de l'économie dans le domaine des droits humains ; il anime depuis 30 ans le « Groupe de Fribourg » consacré aux droits culturels.

Germaine Ouédraogo, Secrétaire Exécutive de l'Association pour la Promotion de l'Éducation Non Formelle du Burkina Faso (APENF) ; titulaire d'un DESS en développement local et gestion des collectivités territoriales ; spécialiste de l'éducation non formelle, elle a coordonné les activités de terrain de la recherche sur les indicateurs du droit à l'éducation au Burkina Faso dès 2001 et durant les différentes étapes qui ont suivi.

Comité de rédaction élargi

Le Comité de rédaction a été appuyé par, Eléonore Zongo et Sanata Zabsonré (APENF), Theodore kabore (ISSP), Laura Pasinetti, Paula Pesenti et Rita Locatelli (Chizzolini)

Participants à l'atelier final

Tous remercient les 40 participantes et participants à l'atelier final, directeurs d'établissements, enquêteurs, membres d'association, représentants de communes et autres acteurs culturels, qui ont apporté leurs témoignages directs et engagés pour l'interprétation et la correction des données présentées, notamment Emmanuel Goabga, président de l'APENF, ainsi que les acteurs culturels Kientega Pingdéwindé Gérard (dit KPG), conteur professionnel, Mahamadi BONKOUNGOU, secrétaire exécutif du Bienvenue Théâtre du Bazèga, Jacob Bamongo, formateur aux techniques du spectacle vivant (association Sompassate), souvent cités dans les cas étudiés.

Tous ont apprécié et remercié les équipes qui ont mené les enquêtes dans les nombreux établissements visités.
Seuls quelques cas ont été présentés ici.

Biblio et sito-graphie

Bibliographie

Parmi les documents de référence

1966. *Pacte international relatif aux droits économiques, sociaux et culturels* (1966) (art.13 et 14 sur l'éducation; art. 15 sur la participation à la vie Culturelle)
https://treaties.un.org/pages/ViewDetails.aspx?src=IND&mtdsg_no=IV-3&chapter=4&clang=_fr

1999. ONU, Le droit à l'éducation, Observation Générale 13 du Comité des droits économiques, sociaux et culturels
https://tbinternet.ohchr.org/_layouts/15/treatybodyexternal/Download.aspx?symbolno=E%2fC.12%2f1999%2f10&Lang=fr

2007. LOE : Loi d'orientation de l'éducation du Burkina Faso, 2007

2007. Déclaration des droits culturels, dite « Déclaration de Fribourg », 2007
https://droitsculturels.org/observatoire/la-declaration-de-fribourg/

2009. Droit de chacun de participer à la vie Culturelle. Observation Générale 21 du Comité des droits économiques, sociaux et culturels
https://tbinternet.ohchr.org/_layouts/15/treatybodyexternal/Download.aspx?symbolno=E%2fC.12%2fGC%2f21&Lang=fr

2021. Droit à l'éducation : les dimensions culturelles du droit à l'éducation ou le droit à l'éducation en tant que droit culturel : Rapport de la Rapporteuse spéciale sur le droit à l'éducation A/HRC/47/32, 16.04.21 (disponible en six langues) https://ap.ohchr.org/documents/dpage_f.aspx?m=99

Publications issues des étapes précédentes de la recherche au Burkina, en Italie, en France et en Suisse

2005 et 2006. Friboulet J.-J ; Niameogo A ; Liechti V ; Dalbera C. (éds.), 2005, *La mesure du droit à l'éducation. Tableau de bord de l'éducation pour tous au Burkina Faso*, Paris : Karthala/collectif IIEDH/APENF. Traduction anglaise : (2006) Measuring the Right to Education, Zurich/Genève/Paris/Hambourg : UNESCO /Schulthess.

2008. Badini A, Dalbera C. ; Niameogo, A., 2008, *Greneir à mots Moore. Gom-biis baoore*, Université de Fribourg, Document de Travail de l'IIEDH, No15.2. https://www.unifr.ch/ethique/de/assets/public/Files/mooredt.pdf

2010. Meyer-Bisch P ; Bidault M, 2010, *Déclarer les droits culturels. Commentaire de la Déclaration de Fribourg*, Zurich, Bruxelles : Schulthess, Bruylant.

2014. Meyer-Bisch P, "Cultiver la texture sociale, comprendre le potentiel social des droits culturels ", in *Vie Sociale* (2014) : Pratiques artistiques et intervention sociale, pp. 11-25. http://www.cairn.info/revue-vie-sociale.htm.

2016. Meyer-Bisch P ; Gandolfi S ; Balliu G. (éds.), 2016, *Souveraineté et coopérations. Guide pour fonder toute gouvernance démocratique sur l'interdépendance des droits de l'homme*. Genève : Globethics. Version italienne : *Sovranità e cooperazioni: Guida per fondare ogni governance democratica sull' interdipendenza dei diritti dell'uomo,* Genève, Globethics

2019. Meyer-Bisch P ; Gandolfi S ; Balliu G. (éds.), 2019, L'interdépendance des droits de l'homme au principe de toute gouvernance démocratique. Commentaire de Souveraineté et coopération, 2019

2019. Bougma, M. et alia, 2019, *Le droit à l'éducation, un droit culturel au principe des droits de l'homme en développement,* Ouagadougou, Les éditions Oiel collection. (en ligne sur: http://www.apenf-bf.org)

Autres sources

Badini A, 1994, *Naître et grandir chez les Moosé traditionnels*, Paris – Ouagadougou,Sépia – ADDB.

Ki-Zerbo J, (ss. la dir. De.)1990, *Éduquer ou périr,* Paris, UNICEF-UNESCO.

Ki-Zerbo J, 2007, *Repères pour l'Afrique,* Dakar, Panafrika - Silex - Nouvelles du Sud.

Ki-Zerbo J, 2010, *Éducation et développement en Afrique. Cinquante ans de réflexion et d'action.* Ouagadougou, Fondation pour l'histoire le développement endogène de l'Afrique

Sitographie

Association pour la Promotion de l'Éducation Non Formelle du Burkina Faso (APENF): http://www.apenf-bf.org

Fondazione Vittorino Chizzolini, Bergamo, Italie. https://www.fondazionechizzolini.it/fr/home-fr-2/

Institut supérieur des sciences de la population, Université Joseph Ki-Zerbo, Ouagadougou, Burkina Faso http://www.issp.bf/index.php/fr/

Observatoire de la diversité et des droits culturels, Fribourg, Suisse: https://droitsculturels.org/observatoire/

Réseau culture 21, France : https://reseauculture21.fr/blog/category/paideia

Globethics.net

Globethics.net is an ethics network of teachers and institutions based in Geneva, with an international Board of Foundation and with ECOSOC status with the United Nations. Our vision is to embed ethics in higher education. We strive for a world in which people, and especially leaders are educated in, informed by, act according to ethical values, and thus contribute to building sustainable, just and peaceful societies.

The founding conviction of Globethics.net is that having equal access to knowledge resources in the field of applied ethics enables individuals and institutions from developing and transition economies to become more visible and audible in the global discourse.

In order to ensure access to knowledge resources in applied ethics, Globethics.net has developed four resources:

Globethics.net Library
The leading global digital library on ethics with over 8 million documents and specially curated content

- Discover our Library: https://globethics.net/library

Globethics.net Publications
A publishing house open to all the authors interested in applied ethics and with over 230 publications in 19 series

- Globethics.net Publications: https://globethics.net/publications

Globethics.net Academy
Online and offline courses and training for all on ethics both as a subject and within specific sectors

- Globethics.net Academy: https://www.globethics.net/academy

Globethics.net Network
A global network of experts and institutions including a Pool of experts and a Consortium

- Globethics.net Network: https://www.globethics.net/network

Globethics.net provides an electronic platform for dialogue, reflection and action. Its central instrument is the website:

www.globethics.net

Globethics.net Publications

The list below is only a selection of our publications. To view the full collection, please visit our website.

All products are provided free of charge and can be downloaded in PDF form from the Globethics.net library and at www.globethics.net/publications. Bulk print copies can be ordered from *publications@globethics.net* at special rates for those from the Global South.
Paid products not provided free of charge are indicated*.
The Editor of the different Series of Globethics.net Publications is Prof. Dr Obiora Ike, Executive Director of Globethics.net in Geneva and Professor of Ethics at the Godfrey Okoye University Enugu/Nigeria.

Contact for manuscripts and suggestions: *publications@globethics.net*

Co-publications & Other

Kenneth R. Ross, *Mission Rediscovered: Transforming Disciples*, 2020, 138pp. ISBN 978-2-88931-369-3

Obiora Ike, Amélé Adamavi-Aho Ekué, Anja Andriamay, Lucy Howe López (Eds.), *Who Cares About Ethics?* 2020, 352pp. ISBN 978-2-88931-381-5

Obiora Ike, *Faith and Action Rooted in Christ Reflections on Spirituality, Justice, and Ethical Living*, 2021, 389pp, ISBN 978-2-88931-415-7

Fanny Iona Morel, *Whispers from the Land of Snows. Culture-based Violence in Tibet*, 2021, 222pp. ISBN 978-2-88931-418-8

Global Series

Christoph Stückelberger / Jesse N.K. Mugambi (eds.), *Responsible Leadership. Global and Contextual Perspectives*, 2007, 376pp. ISBN: 978–2–8254–1516–0

Heidi Hadsell / Christoph Stückelberger (eds.), *Overcoming Fundamentalism. Ethical Responses from Five Continents*, 2009, 212pp. ISBN: 978–2–940428–00–7

Ariane Hentsch Cisneros / Shanta Premawardhana (eds.), *Sharing Values. A Hermeneutics for Global Ethics*, 2010, 418pp. ISBN: 978–2–940428–25–0.

Education Ethics Series

Divya Singh / Christoph Stückelberger (Eds.), *Ethics in Higher Education Values-driven Leaders for the Future,* 2017, 367pp. ISBN: 978–2–88931–165–1

Obiora Ike / Chidiebere Onyia (Eds.) *Ethics in Higher Education, Foundation for Sustainable Development*, 2018, 645pp. IBSN: 978-2-88931-217-7

Obiora Ike / Chidiebere Onyia (Eds.) *Ethics in Higher Education, Religions and Traditions in Nigeria* 2018, 198pp. IBSN: 978-2-88931-219-1

Obiora F. Ike, Justus Mbae, Chidiebere Onyia (Eds.), *Mainstreaming Ethics in Higher Education: Research Ethics in Administration, Finance, Education, Environment and Law Vol. 1*, 2019, 779pp. ISBN 978-2-88931-300-6

Ikechukwu J. Ani/Obiora F. Ike (Eds.), *Higher Education in Crisis Sustaining Quality Assurance and Innovation in Research through Applied Ethics*, 2019, 214pp. ISBN 978-2-88931-323-5

Deivit Montealegre / María Eugenia Barroso (Eds.), *Ethics in Higher Education, a Transversal Dimension: Challenges for Latin America. Ética en educación superior, una dimensión transversal: Desafíos para América Latina*, 2020, 148pp. ISBN 978-2-88931-359-4

Obiora Ike, Justus Mbae, Chidiebere Onyia, Herbert Makinda (Eds.), *Mainstreaming Ethics in Higher Education Vol. 2*, 2021, 420pp. ISBN: 978-2-88931-383-9

Christoph Stückelberger/ Joseph Galgalo/ Samuel Kobia (Eds.), *Leadership with Integrity. Higher Education from Vocation to Funding*, 2021, 288pp. ISBN 978-2-88931-389-1

Theses Series

Sabina Kavutha Mutisya, *The Experience of Being a Divorced or Separated Single Mother: A Phenomenological Study*, 2019, 168pp. ISBN: 978-2-88931-274-0

Florence Muia, *Sustainable Peacebuilding Strategies. Sustainable Peacebuilding Operations in Nakuru County, Kenya: Contribution to the Catholic Justice and Peace Commission (CJPC)*, 2020, 195pp. ISBN: 978-2-88931-331-0

Mary Rose-Claret Ogbuehi, *The Struggle for Women Empowerment Through Education*, 2020, 410pp. ISBN: 978-2-88931-363-1

Nestor Engone Elloué, *La justice climatique restaurative: Réparer les inégalités Nord/Sud*, 2020, 198pp. ISBN 978-2-88931-379-2

African Law Series

Pascal Mukonde Musulay, *Droits, libertés et devoirs de la personne et des peuples en droit international africain Tome I Promotion et protection*, 282pp. 2021, ISBN 978-2-88931-397-6

Pascal Mukonde Musulay, *Droits, libertés et devoirs de la personne et des peuples en droit international africain Tome II Libertés, droits et obligations démocratiques*, 332pp. 2021, ISBN 978-2-88931-399-0

Ambroise Katambu Bulambo, *Règlement judiciaire des conflits électoraux. Précis de droit comparé africain*, 2021, 672pp., ISBN 978-2-88931-403-4.

David Brian Dennison, *The Status, Rights and Treatment of Persons with Disabilities within Customary Legal Frameworks in Uganda: A Study of Mukono District*, 2021, 355pp. ISBN 978-2-88931-395-2

Osita C. Eze, *African Charter on Rights & Duties Enforcement Mechanisms*, 2021, 412pp. ISBN: 978-2-88931-413-3

This is only selection of our latest publications, to view our full collection please visit:

www.globethics.net/publications

www.ingramcontent.com/pod-product-compliance
Ingram Content Group UK Ltd.
Pitfield, Milton Keynes, MK11 3LW, UK
UKHW061951290726
14090UKWH00021B/1172

9 782889 314317